Psicología Infantil

Alexa Murphy

Alexa Murphy

Página de Derechos de Autor

Titular de los Derechos de Autor: © 2024, Andrea Jimenez
Año: 2024
Autor: © 2024, Alexa Murph

Datos Legales y de Derechos de Autor

Primera edición
Todos los Derechos Están Reservados

Indice

Alexa Murphy

Introducción a la Psicología Infantil

La psicología infantil es una rama de la psicología que se dedica a estudiar cómo piensan, sienten y se comportan los niños desde que nacen hasta que llegan a la adolescencia. Para los padres, entender estos procesos es como tener un mapa que los guía en el camino de la crianza. Cada niño es un mundo único, pero existen patrones de desarrollo que, al conocerlos, nos permiten ayudar a los niños a crecer de manera saludable y feliz. En este capítulo, vamos a explorar cómo la psicología infantil puede convertirse en una herramienta fundamental para ser mejores padres y guiar a nuestros hijos en sus primeros años de vida.

Desde el momento en que nacen, los niños comienzan un proceso constante de aprendizaje y adaptación al mundo que los rodea. Como padres, nuestro papel es acompañarlos en este proceso, ofreciendo el apoyo emocional y los recursos necesarios para que desarrollen su personalidad y habilidades. La psicología infantil nos ayuda a entender que los niños no son pequeños adultos, sino seres que están en pleno desarrollo. Sus cerebros, emociones y conductas evolucionan a medida que crecen, y cada etapa tiene características propias que debemos conocer para poder guiarles correctamente.

Por ejemplo, es común que un niño pequeño tenga rabietas o se frustre fácilmente. En lugar de verlo como un problema de mal comportamiento, la psicología infantil nos enseña que estas reacciones son una parte natural del desarrollo emocional. Los niños aún no saben cómo manejar sus emociones de manera efectiva, y esas explosiones de llanto o enojo son su manera de expresar que algo no está bien para ellos. Si comprendemos esto, podemos acercarnos con más paciencia y buscar soluciones que no solo corrijan el comportamiento, sino que también les enseñen a gestionar lo que sienten.

Otro aspecto importante de la psicología infantil es el apego. Los estudios han demostrado que el tipo de relación que los niños desarrollan con sus padres o cuidadores en los primeros años de vida tiene un impacto profundo en su salud emocional futura. Un apego seguro, que se logra a través de cuidados cariñosos y constantes, da al niño la confianza para explorar el mundo con seguridad. Si un niño se siente protegido y amado, tendrá menos miedos e inseguridades, lo que lo llevará a desarrollar una autoestima saludable. Entender esto nos motiva a estar más presentes y conscientes en la vida diaria de nuestros hijos.

La psicología infantil también nos enseña que el ambiente en el que crecen los niños juega un papel fundamental en su desarrollo. Los niños aprenden observando a las personas que los rodean. Imitan comportamientos, absorben emociones y se dejan influenciar por el entorno. Si un niño crece en un ambiente lleno de amor, respeto y comprensión, es probable que desarrolle esas mismas cualidades. Sin embargo, si el ambiente está marcado por la tensión, el conflicto o la indiferencia, el niño puede crecer sintiéndose inseguro o con dificultades para relacionarse con los demás.

Esto nos recuerda la gran responsabilidad que tenemos como padres, no solo en lo que decimos, sino también en cómo actuamos y cómo vivimos nuestras propias vidas.

A lo largo de los años, la psicología infantil ha ido desarrollando diversas técnicas y teorías que nos ayudan a resolver los desafíos de la crianza de manera más efectiva. Por ejemplo, hoy en día, sabemos que los castigos físicos o verbales no son formas recomendables de corregir a un niño. Aunque pueden detener un comportamiento de inmediato, a largo plazo, pueden generar miedos, resentimientos y problemas de autoestima. En su lugar, la psicología nos ofrece estrategias como la disciplina positiva, que se basa en enseñar a los niños a través del ejemplo, la empatía y las consecuencias lógicas de sus actos. De esta manera, no solo corregimos, sino que también ayudamos a los niños a entender por qué ciertos comportamientos no son adecuados y cómo pueden mejorar.

Entender la psicología infantil es como tener una guía para interpretar las señales que los niños nos dan, a veces de manera confusa o sutil. No siempre es fácil ser padres, pero con el conocimiento adecuado, podemos enfrentar los desafíos de manera más tranquila y efectiva. No se trata de ser perfectos, sino de estar dispuestos a aprender y adaptarnos a las necesidades de nuestros hijos. Así como ellos están en constante desarrollo, nosotros como padres también estamos aprendiendo y creciendo.

En resumen, la psicología infantil nos invita a ver la crianza desde una perspectiva más amplia y consciente. Nos muestra que ser padres es mucho más que cuidar de las necesidades físicas de los niños; se trata de entender su mundo interior, sus emociones y sus pensamientos. Este conocimiento nos permite acompañarlos en su crecimiento de manera más respetuosa y efectiva, ofreciendo las herramientas necesarias para que se conviertan en adultos sanos y felices. Al conocer más sobre el desarrollo infantil, nos equipamos con la sabiduría necesaria para criar con amor, comprensión y paciencia, sabiendo que cada pequeña acción tiene un impacto duradero en la vida de nuestros hijos.

Entendiendo el Desarrollo Infantil

El desarrollo infantil es un proceso fascinante y complejo. Los niños no crecen solo en tamaño, sino que también evolucionan mental, emocional y socialmente. Cada etapa de la infancia está marcada por cambios importantes que influyen en la forma en que los niños ven el mundo, cómo piensan y cómo interactúan con las personas a su alrededor. Entender este desarrollo nos permite ser más conscientes de lo que nuestros hijos necesitan en cada momento, y cómo podemos apoyarles para que crezcan de manera equilibrada y feliz.

Desde el nacimiento, los bebés comienzan a explorar el mundo a través de sus sentidos. A simple vista, puede parecer que un recién nacido no hace mucho más que comer y dormir, pero la realidad es que su cerebro está trabajando constantemente. Los bebés observan su entorno, escuchan las voces, sienten las texturas y desarrollan vínculos emocionales con las personas que los cuidan. Esta primera etapa, llamada etapa sensoriomotora, es crucial porque es donde los niños comienzan a entender la relación entre sus acciones y los resultados. Por ejemplo, aprenden que cuando lloran, mamá o papá vendrán a atender sus necesidades. Este tipo de descubrimientos, aunque parezcan pequeños, son los cimientos de su desarrollo cognitivo.

A medida que crecen, los niños entran en la etapa preoperacional, que suele comenzar alrededor de los dos años. Durante esta fase, los niños desarrollan habilidades que cambian la forma en que interactúan con el mundo. Uno de los hitos más importantes de esta etapa es el desarrollo del lenguaje. Los niños empiezan a usar palabras para describir lo que ven, sienten y quieren. Aunque a veces sus ideas pueden parecer confusas o ilógicas para los adultos, esta es una fase normal del desarrollo. En esta etapa, los niños aún no pueden entender el punto de vista de otras personas; ven el mundo desde su perspectiva y a menudo creen que los demás piensan y sienten lo mismo que ellos. Esta es la razón por la que pueden parecer egoístas en ciertas situaciones, pero no lo hacen con malicia, simplemente aún no han desarrollado la capacidad de ponerse en los zapatos de los demás.

Durante estos años preescolares, los niños también comienzan a experimentar con el juego simbólico. Este tipo de juego es fundamental para su desarrollo, ya que les permite usar su imaginación para crear situaciones y roles que les ayudan a entender el mundo. Por ejemplo, pueden pretender que son superhéroes, médicos o maestros, lo que no solo les entretiene, sino que también les enseña habilidades sociales y les permite experimentar con diferentes emociones y escenarios. A través del juego, los niños aprenden a resolver problemas, a negociar con sus compañeros y a procesar emociones que tal vez no saben cómo expresar de otra manera.

Alrededor de los siete años, los niños entran en lo que se conoce como la etapa de las operaciones concretas. Durante este tiempo, su pensamiento se vuelve más lógico y organizado. Los niños en esta etapa pueden empezar a entender conceptos más complejos, como la cantidad, el tiempo y la causa y efecto. Un cambio significativo en esta etapa es que los niños ya no ven todo desde su propio punto de vista. Comienzan a desarrollar la habilidad de entender que otras personas tienen pensamientos, creencias y sentimientos diferentes a los suyos. Esto les permite relacionarse de manera más efectiva con los demás, y también es el momento en que comienzan a hacer amigos más significativos.

Esta etapa también es un buen momento para introducir conceptos más abstractos, como la responsabilidad y la empatía. Los niños ya no necesitan ver o tocar algo para entenderlo; pueden imaginar situaciones, pensar en soluciones y tomar decisiones basadas en la información que tienen. A medida que su pensamiento se vuelve más maduro, los niños también empiezan a manejar mejor sus emociones. Aunque todavía pueden tener momentos de frustración o rabietas, cada vez son más capaces de identificar lo que sienten y encontrar maneras de calmarse.

La última etapa del desarrollo infantil es la etapa de las operaciones formales, que comienza en la adolescencia. Aquí es cuando el pensamiento abstracto realmente despega. Los adolescentes ya no están limitados a lo que es tangible o inmediato; pueden pensar en ideas complejas, como la justicia, la moralidad y el futuro. También empiezan a desarrollar una identidad más definida y a cuestionar quiénes son y qué quieren hacer con sus vidas. Este es un momento crucial en el desarrollo, ya que los adolescentes buscan su independencia y, al mismo tiempo, necesitan el apoyo y la orientación de sus padres.

Cada una de estas etapas es una pieza importante en el rompecabezas del desarrollo infantil. Lo que los padres deben entender es que los niños no pasan de una etapa a otra de la noche a la mañana. El crecimiento es gradual y a veces puede haber avances y retrocesos. Un niño que parece muy independiente en un momento, puede volverse más dependiente en otro. Esto es completamente normal y parte del proceso. Además, cada niño es diferente, y mientras algunos pueden alcanzar ciertos hitos más rápido, otros pueden necesitar más tiempo. No hay una fórmula exacta, y es importante no comparar a los niños entre sí.

Para los padres, conocer las etapas del desarrollo infantil es esencial porque les ayuda a establecer expectativas realistas. No podemos esperar que un niño de dos años entienda las mismas cosas que un niño de ocho, y tampoco podemos tratar a un adolescente como si fuera un niño pequeño. Cada etapa tiene sus propios desafíos, pero también sus recompensas. La clave es estar presentes, ofrecer apoyo y fomentar un ambiente donde los niños puedan explorar, aprender y crecer a su propio ritmo.

En resumen, el desarrollo infantil es un viaje emocionante lleno de descubrimientos tanto para los niños como para los padres. A lo largo de este viaje, la paciencia, la comprensión y el amor son nuestras mejores herramientas. Al conocer cómo piensan y sienten nuestros hijos en cada etapa, podemos ofrecerles el apoyo adecuado para que se conviertan en personas seguras, empáticas y felices. La psicología del desarrollo infantil nos da el mapa, pero es nuestro cariño y compromiso lo que hace que el viaje sea significativo para ellos.

Alexa Murphy

La Importancia del Apego en la Infancia

El apego en la infancia es una de las cosas más importantes en el desarrollo de un niño. No se trata solo de brindarles alimento y refugio, sino de crear un lazo emocional profundo que les haga sentir seguros, amados y protegidos. Este vínculo, conocido como apego, es lo que les permitirá explorar el mundo con confianza y aprender a relacionarse con los demás de manera saludable. Desde el momento en que un bebé nace, empieza a buscar la cercanía de las personas que lo cuidan, y a lo largo de los primeros años de vida, ese apego se convierte en la base sobre la que se construirán todas sus relaciones futuras.

El apego comienza cuando los padres o cuidadores responden a las necesidades del bebé. Si un bebé llora, y su mamá o papá lo consuela, cambia el pañal o lo alimenta, el bebé empieza a entender que puede confiar en esas personas. Esta confianza es clave, ya que un niño que se siente seguro es más propenso a explorar su entorno, a probar cosas nuevas y a aprender sin miedo. Por otro lado, si el niño no recibe esa respuesta adecuada, puede desarrollar inseguridades y volverse más temeroso o ansioso.

Hay varios tipos de apego, pero el más deseado es el apego seguro. Este tipo de apego se da cuando los padres están disponibles y responden de manera constante a las necesidades emocionales y físicas del niño. Un niño con apego seguro sabe que, aunque se aleje para explorar o jugar, siempre puede regresar a un lugar seguro: los brazos de sus padres. Esto le permite aventurarse y descubrir el mundo, pero con la tranquilidad de que, si algo va mal, siempre habrá alguien ahí para apoyarlo.

A lo largo de la vida de un niño, este apego seguro se convierte en una especie de "ancla" emocional. En situaciones de estrés o miedo, el niño busca a sus padres como una fuente de consuelo. Esto no significa que los niños con apego seguro nunca sientan ansiedad o tristeza, pero sí significa que saben que no están solos y que tienen a alguien en quien confiar. Esta sensación de apoyo constante no solo es fundamental durante la infancia, sino que también influye en cómo los niños se enfrentarán a los desafíos de la vida a medida que crezcan.

El apego también tiene un impacto directo en el desarrollo emocional del niño. Los niños que tienen un apego seguro suelen ser más capaces de regular sus emociones. Por ejemplo, si un niño con apego seguro se siente frustrado porque no puede resolver un problema, es más probable que busque ayuda o consuelo en lugar de reaccionar de manera agresiva o desesperada. Esto ocurre porque han aprendido, a través de sus experiencias tempranas, que las emociones difíciles pueden manejarse con el apoyo adecuado.

A medida que los niños crecen y entran en la etapa preescolar, el apego sigue desempeñando un papel importante en su vida. Un niño con un apego seguro es más probable que se relacione bien con sus compañeros, que sea empático y que pueda formar amistades más estables. Esto es porque el apego no solo influye en cómo el niño ve a sus padres, sino también en cómo ve el mundo. Un niño que se siente amado y cuidado aprende a amar y cuidar a los demás.

Sin embargo, no todos los niños desarrollan un apego seguro. En algunos casos, los niños pueden formar lo que se llama un apego inseguro. Esto ocurre cuando los padres o cuidadores no son consistentes en sus respuestas. Por ejemplo, si un padre a veces responde con cariño y otras veces es distante o indiferente, el niño puede confundirse y no saber si puede confiar en esa persona. Esto puede llevar a que el niño se vuelva más dependiente y ansioso, o por el contrario, más distante y desconfiado. En cualquiera de los casos, un apego inseguro puede dificultar el desarrollo emocional y social del niño.

El apego también tiene un impacto duradero en la vida adulta. Los estudios han mostrado que los adultos que tuvieron un apego seguro en su infancia tienden a tener relaciones más saludables y equilibradas. Esto se debe a que, al aprender a confiar y a ser confiables desde pequeños, son capaces de formar vínculos más estables y de manejar mejor los conflictos. Por el contrario, las personas con un apego inseguro en la infancia pueden tener más dificultades para confiar en los demás o para mantener relaciones saludables.

Es importante destacar que el apego no se forma solo en los primeros meses de vida. Aunque los primeros años son críticos, los padres siempre tienen la oportunidad de fortalecer o reparar el vínculo con sus hijos, incluso si hubo dificultades en el pasado. Lo más importante es la constancia, el cariño y la paciencia. Crear un apego seguro no significa ser un padre o madre perfecto, sino estar presente emocionalmente, ser receptivo a las necesidades del niño y ofrecer un espacio seguro donde se sienta comprendido.

A medida que los niños crecen, el tipo de apego que desarrollan con sus padres influye también en cómo manejan las situaciones difíciles. Un niño con apego seguro probablemente tendrá una mayor capacidad para enfrentar el estrés y la adversidad. Esto no quiere decir que no se sientan tristes, enojados o frustrados, sino que han aprendido que las emociones difíciles se pueden superar con el apoyo adecuado. Además, un apego seguro fomenta la independencia. Al contrario de lo que muchos piensan, cuando los niños saben que tienen un lugar seguro al que volver, son más propensos a aventurarse y a buscar nuevas experiencias por su cuenta.

En conclusión, el apego en la infancia es mucho más que una simple conexión emocional. Es la base sobre la que se construye toda la vida emocional, social y psicológica de una persona. Un apego seguro permite a los niños desarrollarse de manera equilibrada, enfrentarse al mundo con confianza y formar relaciones saludables a lo largo de su vida. Como padres, debemos estar atentos a las señales que nos dan nuestros hijos y asegurarnos de estar presentes, no solo físicamente, sino también emocionalmente. Crear un apego seguro es un regalo que les damos a nuestros hijos, un regalo que llevarán con ellos durante toda su vida.

Comunicación Efectiva con los Hijos

La comunicación efectiva con los hijos es uno de los pilares más importantes para una crianza exitosa y saludable. No se trata solo de hablar con ellos, sino de saber cómo escucharlos, entenderlos y transmitirles nuestros mensajes de una manera que realmente conecte con sus emociones y pensamientos. La forma en que nos comunicamos con nuestros hijos no solo influye en su comportamiento inmediato, sino que también moldea su autoestima, su capacidad para expresar sus emociones y su relación con nosotros a lo largo del tiempo. Una comunicación efectiva no solo ayuda a resolver conflictos, sino que también fortalece el lazo entre padres e hijos, creando un ambiente de confianza y respeto mutuo.

Para empezar, es importante recordar que los niños no son adultos pequeños. Aunque a veces parecen comprender muchas cosas, su forma de ver el mundo y procesar la información es diferente a la de los adultos. Por eso, cuando nos comunicamos con ellos, debemos ajustar nuestro lenguaje y nuestras expectativas a su nivel de desarrollo. Hablarles de manera clara, sencilla y directa es clave para que puedan entendernos. Esto no significa que debamos tratarlos como si no entendieran nada, sino más bien adaptar el mensaje a sus capacidades. Un lenguaje demasiado complicado o abstracto puede confundirlos y hacer que se desconecten de la conversación.

Otro aspecto fundamental de la comunicación efectiva es la escucha activa. A menudo, como padres, estamos tan enfocados en enseñar y guiar a nuestros hijos que olvidamos detenernos y simplemente escuchar lo que tienen que decir. La escucha activa implica prestarles atención completa, sin interrumpir, y mostrarles que sus pensamientos y sentimientos importan. Cuando un niño se siente escuchado, es más probable que se abra y comparta lo que realmente siente, lo cual es crucial para construir una relación de confianza. Además, escuchar no significa solo oír sus palabras, sino también prestar atención a su lenguaje corporal, sus expresiones faciales y sus emociones subyacentes.

Es muy común que, cuando un niño se siente frustrado o triste, en lugar de dejar que exprese lo que siente, los padres intenten inmediatamente corregir o solucionar el problema. Aunque nuestras intenciones sean buenas, este enfoque puede hacer que el niño sienta que no tiene espacio para expresar sus emociones o que sus sentimientos no son importantes. En su lugar, es mejor validar lo que sienten. Decir algo tan simple como "Entiendo que te sientas así" o "Sé que esto te ha molestado" puede marcar una gran diferencia. Al validar sus emociones, les estamos enseñando que es normal sentir frustración, tristeza o enojo, y que está bien hablar de ello. Esta validación es un paso importante para que el niño aprenda a manejar sus propias emociones de manera saludable.

Además de escuchar y validar, es esencial ser claros y consistentes en los mensajes que transmitimos. A veces, como padres, podemos enviar mensajes contradictorios sin darnos cuenta. Por ejemplo, podemos decirles que deben compartir sus juguetes, pero si luego los ven siendo egoístas con nuestras propias cosas, el mensaje se vuelve confuso. Los niños aprenden no solo de lo que les decimos, sino también de lo que hacemos. Por eso, la coherencia entre nuestras palabras y nuestras acciones es crucial. Si queremos que nuestros hijos respeten a los demás, debemos mostrar respeto en nuestra vida diaria. Si queremos que hablen con amabilidad, debemos hablarles con amabilidad a ellos y a las personas que nos rodean.

La paciencia también juega un papel clave en la comunicación efectiva. A veces, los niños pueden tardar en procesar lo que les decimos o en expresar lo que sienten. En lugar de apresurarlos o frustrarnos, es importante darles el tiempo que necesitan para expresarse. Esto puede ser especialmente importante durante los momentos de conflicto, cuando las emociones están a flor de piel. En lugar de reaccionar de inmediato a un mal comportamiento, puede ser útil tomarse un momento para respirar y pensar antes de responder. Esto no solo nos ayuda a mantener la calma, sino que también enseña a nuestros hijos la importancia de la reflexión antes de actuar.

Un consejo importante es evitar los sermones largos o las críticas constantes. Los niños, al igual que los adultos, no responden bien cuando se sienten atacados o abrumados por palabras negativas. En lugar de centrarnos solo en lo que están haciendo mal, es mucho más efectivo resaltar lo que están haciendo bien. Alabar sus esfuerzos y logros, aunque sean pequeños, refuerza los comportamientos positivos y les da confianza en sí mismos. Cuando sea necesario corregir algo, es mejor hacerlo de manera constructiva, enfocándonos en cómo pueden mejorar en lugar de hacerles sentir que han fallado.

La comunicación no siempre tiene que ser seria o estructurada. De hecho, muchas de las mejores interacciones con los hijos ocurren de manera espontánea durante momentos cotidianos, como mientras juegan, cenan o se preparan para ir a la cama. Estos momentos informales son oportunidades perfectas para hablar sobre sus días, sus amigos o cualquier cosa que les preocupe. A través de estas pequeñas conversaciones, construimos una relación sólida basada en la confianza y el cariño. Además, cuando los niños se sienten cómodos hablando con nosotros en los buenos momentos, también estarán más dispuestos a acudir a nosotros en los momentos difíciles.

Un aspecto que a veces se pasa por alto en la comunicación con los hijos es el tono de voz. El tono que usamos puede cambiar completamente el significado de lo que decimos. Si utilizamos un tono severo o impaciente, incluso un mensaje positivo puede ser percibido de manera negativa. En cambio, un tono calmado y cariñoso puede ayudar a suavizar incluso las correcciones más difíciles. Los niños son muy sensibles al tono de voz de sus padres, y este puede influir en cómo se sienten respecto a lo que les estamos diciendo.

En conclusión, la comunicación efectiva con los hijos es mucho más que hablarles. Es escucharlos con atención, validar sus sentimientos, ser coherentes en nuestras palabras y acciones, y usar un tono adecuado. Al hacerlo, no solo resolvemos problemas o corregimos comportamientos, sino que también construimos una relación de confianza y respeto que durará toda la vida. Criar hijos que sepan comunicarse bien y que se sientan comprendidos empieza con nosotros, los padres. Al darles el ejemplo y el espacio para expresarse, les estamos proporcionando las herramientas necesarias para enfrentar el mundo con confianza y seguridad.

Alexa Murphy

Disciplina Positiva

La disciplina positiva es una manera de educar a los hijos que busca enseñarles a comportarse correctamente sin recurrir a castigos severos o autoritarios. En lugar de hacer que los niños sientan miedo o vergüenza, la disciplina positiva se enfoca en ayudarles a entender las consecuencias de sus acciones y en enseñarles a tomar mejores decisiones en el futuro. Este enfoque no solo promueve el respeto y la cooperación, sino que también fomenta una relación más fuerte entre padres e hijos, basada en la confianza y la comunicación.

Cuando pensamos en disciplina, muchas veces lo asociamos con regaños o castigos. Sin embargo, la disciplina positiva no tiene que ver con castigar a los niños por hacer algo mal, sino con guiarlos para que aprendan a comportarse de manera adecuada. Esto implica ser firmes y consistentes, pero también amables y comprensivos. La idea es que los niños no solo sigan las reglas porque temen el castigo, sino porque entienden el porqué de esas reglas y los beneficios de seguirlas.

Un principio fundamental de la disciplina positiva es la idea de enfocarse en las soluciones en lugar de en los problemas. Cuando un niño se comporta de una manera inapropiada, es fácil caer en la trampa de regañarlo o castigarlo sin más. Sin embargo, en lugar de centrarnos únicamente en lo que el niño hizo mal, la disciplina positiva nos invita a preguntarnos: "¿Qué puedo hacer para que aprenda de esta situación?". Esto podría implicar hablar con el niño sobre lo que pasó, discutir alternativas y trabajar juntos para encontrar una solución. De esta manera, el niño no solo entiende que su comportamiento no fue adecuado, sino que también aprende qué puede hacer la próxima vez para evitarlo.

Otro aspecto importante de la disciplina positiva es la empatía. Esto significa ponerse en el lugar del niño y tratar de comprender por qué actuó de la manera en que lo hizo. Muchas veces, los niños se comportan mal no porque quieran hacerlo, sino porque están frustrados, cansados o no saben cómo expresar lo que sienten. En lugar de reaccionar con enojo, es útil tomarse un momento para respirar y pensar: "¿Qué está tratando de decirme mi hijo con este comportamiento?". Al entender la raíz del problema, podemos abordar la situación de manera más efectiva y con menos conflicto.

La disciplina positiva también se enfoca en establecer límites claros y consistentes. A los niños les ayuda saber qué se espera de ellos y cuáles son las reglas que deben seguir. Sin embargo, estos límites no deben ser rígidos o inflexibles, sino más bien adaptados a las necesidades del niño y a las circunstancias. Es importante explicarles a los hijos las razones detrás de las reglas, de manera que entiendan por qué son importantes. Cuando los niños comprenden el propósito de las reglas, es más probable que las sigan de manera voluntaria en lugar de hacerlo solo por temor a las consecuencias.

Además de establecer límites, es importante darles a los niños opciones y responsabilidad. Esto puede sonar contradictorio, pero cuando los niños tienen cierto control sobre sus decisiones, son más propensos a seguir las reglas. Por ejemplo, en lugar de decirles "recoge tus juguetes ahora mismo", podríamos ofrecerles opciones como: "¿Prefieres recoger los juguetes antes de la cena o después de cenar?". De esta manera, el niño siente que tiene algo de control sobre la situación, pero al final, sigue cumpliendo con la responsabilidad de recoger. Darles la oportunidad de tomar decisiones les enseña también sobre la importancia de la responsabilidad y las consecuencias de sus elecciones.

Una de las grandes diferencias entre la disciplina positiva y otros enfoques más autoritarios es que la primera busca reforzar los comportamientos positivos en lugar de castigar los negativos. Esto significa que, en lugar de centrarnos solo en lo que el niño hace mal, prestamos más atención a lo que hace bien. Alabar y reconocer los esfuerzos del niño, incluso cuando no son perfectos, refuerza esos comportamientos y les motiva a seguir actuando de manera adecuada. Un simple "me encanta cómo has recogido tus juguetes sin que te lo pidiera" puede tener un gran impacto en su actitud.

Aun así, es natural que los niños cometan errores. La disciplina positiva no ignora estos errores, pero en lugar de enfocarse en el castigo, busca enseñar a través de las consecuencias naturales. Las consecuencias naturales son aquellas que ocurren como resultado directo del comportamiento del niño. Por ejemplo, si un niño se niega a ponerse el abrigo cuando hace frío, la consecuencia natural es que sentirá frío. Este tipo de consecuencias ayudan al niño a entender por sí mismo por qué ciertas decisiones no son las mejores. En otros casos, cuando las consecuencias naturales no son posibles o seguras, podemos establecer consecuencias lógicas. Estas deben estar directamente relacionadas con el comportamiento y no ser punitivas. Por ejemplo, si un niño dibuja en la pared, una consecuencia lógica sería que él ayude a limpiarla.

Es importante recordar que la disciplina positiva no significa ser permisivo o dejar que los niños hagan lo que quieran. Al contrario, requiere de firmeza y consistencia, pero siempre desde un lugar de respeto y comprensión. Los niños necesitan límites claros y saber que habrá consecuencias cuando no se comporten de manera adecuada. Sin embargo, esas consecuencias no deben ser vistas como castigos, sino como oportunidades para aprender y crecer.

A largo plazo, la disciplina positiva tiene efectos mucho más profundos que los métodos tradicionales basados en el castigo. Los niños que crecen con este enfoque tienden a desarrollar una mayor autoestima, ya que se les enseña a través del respeto y la comprensión en lugar del miedo. También suelen ser más empáticos, ya que han aprendido a ponerse en el lugar de los demás y a considerar las consecuencias de sus acciones. Además, la disciplina positiva fomenta una relación más cercana entre padres e hijos, ya que se basa en la comunicación abierta y el apoyo mutuo.

En conclusión, la disciplina positiva es un enfoque de crianza que busca enseñar a los niños cómo comportarse de manera adecuada sin recurrir al castigo o al miedo.

Se basa en la empatía, la comunicación y la firmeza, y busca enseñar a los niños a tomar mejores decisiones por sí mismos. Al centrarse en las soluciones y en los comportamientos positivos, los padres pueden guiar a sus hijos de una manera que fortalezca su autoestima y les ayude a desarrollar habilidades importantes para la vida. La disciplina positiva no es siempre fácil, requiere paciencia y consistencia, pero los beneficios a largo plazo son inmensos, tanto para los niños como para los padres.

Estableciendo Límites y Normas

Establecer límites y normas en la crianza de los hijos es una de las tareas más importantes que enfrentan los padres. Aunque a veces pueda parecer complicado o agotador, los límites son esenciales para el desarrollo de los niños. No solo les ayudan a entender qué se espera de ellos, sino que también les brindan una sensación de seguridad y estructura. Los niños necesitan saber que hay reglas que guían su comportamiento, y esas reglas les permiten moverse por el mundo de manera más confiada. Contrario a lo que muchos creen, los límites no son algo negativo ni restrictivo, sino una herramienta que les permite aprender a tomar decisiones y a convivir con los demás de manera respetuosa y responsable.

Cuando hablamos de establecer límites, es importante entender que no se trata de imponer un conjunto de reglas estrictas sin explicación, sino de crear un ambiente en el que los niños puedan explorar, cometer errores y aprender, pero siempre dentro de ciertos márgenes que aseguren su bienestar. Los límites claros y consistentes son como una guía que les ayuda a saber qué está bien y qué no. Les enseñan que cada acción tiene una consecuencia, y esto es crucial para su desarrollo emocional y social.

Una de las primeras cosas que los padres deben tener en cuenta al establecer límites es que estos deben ser apropiados para la edad del niño. No podemos esperar el mismo nivel de autocontrol o comprensión de un niño de tres años que de uno de diez. A medida que los niños crecen, sus capacidades para entender y seguir normas también evolucionan. Por lo tanto, los límites deben ser flexibles y adaptarse al desarrollo del niño. Por ejemplo, mientras que a un niño pequeño se le puede enseñar a no tocar la estufa porque es peligrosa, un niño mayor puede comprender la razón detrás de la regla y ser más consciente de los riesgos. Es esencial que los límites sean comprensibles y razonables para cada etapa del desarrollo.

También es fundamental ser consistentes. Los niños necesitan saber que las reglas se aplican siempre, no solo cuando a los padres les resulta conveniente. Si un día permitimos algo y al siguiente lo prohibimos sin una razón clara, el niño se confundirá y tendrá dificultades para entender lo que realmente se espera de él. Esta inconsistencia puede llevar a frustración, ya que el niño no sabe cuándo está haciendo lo correcto. Por eso, es importante que los padres se mantengan firmes y coherentes en la aplicación de las normas, de modo que los hijos comprendan que las reglas son siempre las mismas y que se aplican de manera justa.

A veces, los niños pueden probar los límites para ver hasta dónde pueden llegar. Esto es completamente normal y forma parte de su aprendizaje. De hecho, cuando los niños empujan los límites, no están necesariamente desafiando nuestra autoridad; más bien están explorando el mundo y tratando de entender cómo funcionan las relaciones y las reglas en su entorno. Como padres, es esencial no perder la calma en estas situaciones y recordar que nuestra tarea es guiarlos con paciencia y firmeza. Ceder ante el mal comportamiento o cambiar las reglas en el momento puede enviar el mensaje equivocado. En lugar de eso, debemos mantener los límites y explicar por qué son importantes.

Otro aspecto clave al establecer normas es la claridad. Los niños, especialmente los más pequeños, necesitan que las reglas sean específicas y fáciles de entender. En lugar de darles instrucciones vagas como "compórtate bien", es mejor ser más concretos, diciendo algo como "quiero que uses una voz tranquila mientras estamos en la biblioteca". De esta manera, los niños saben exactamente qué se espera de ellos en situaciones específicas. Las normas claras y directas facilitan que los niños las sigan, ya que no hay confusión sobre lo que deben hacer.

Sin embargo, no basta con establecer límites y esperar que los niños los sigan sin más. Es importante explicarles por qué existen esas reglas. Cuando los niños entienden la razón detrás de una norma, es más probable que la respeten y la sigan por iniciativa propia. Por ejemplo, en lugar de simplemente prohibirle a un niño ver televisión antes de hacer la tarea, podemos explicarle que es importante terminar primero las responsabilidades para que luego tenga tiempo libre sin preocupaciones. De esta manera, los niños empiezan a ver las reglas no como imposiciones arbitrarias, sino como herramientas que les ayudan a organizar su vida de manera más efectiva.

En muchas ocasiones, cuando los niños rompen una regla, es fácil caer en el castigo inmediato como solución. Sin embargo, es más beneficioso utilizar esos momentos como oportunidades para enseñar. En lugar de simplemente decir "no puedes hacer eso", podemos ayudarles a reflexionar sobre su comportamiento y sobre las consecuencias de sus acciones. Por ejemplo, si un niño no respeta la norma de compartir sus juguetes con sus amigos, podemos hablar con él sobre cómo se sentiría si fuera él quien no recibiera nada. Este tipo de discusiones les ayuda a desarrollar empatía y a entender el impacto de sus acciones en los demás.

Otro enfoque que puede ser útil es permitir que los niños participen en la creación de las reglas. Cuando los niños sienten que tienen algo que decir en las decisiones que afectan su vida diaria, es más probable que sigan las normas con mayor disposición. Por supuesto, esto no significa que los padres deban renunciar a su autoridad, pero al involucrar a los niños en el proceso de establecer ciertas reglas, les damos la oportunidad de sentir que sus opiniones importan. Por ejemplo, podríamos preguntarles: "¿Qué crees que sería una buena hora para ir a la cama?" o "¿Cómo crees que podemos organizar el tiempo para que puedas jugar después de hacer la tarea?". De esta manera, los niños se sienten parte del proceso y entienden mejor por qué se establecen ciertas normas.

A la hora de corregir el comportamiento, es importante utilizar consecuencias lógicas en lugar de castigos que no están relacionados con la acción. Por ejemplo, si un niño rompe un juguete porque lo estaba usando de manera inadecuada, una consecuencia lógica sería que no pueda jugar con ese juguete por un tiempo o que deba ayudar a repararlo si es posible. Esto ayuda al niño a entender la relación entre su comportamiento y sus consecuencias, y le enseña a ser más responsable.

Es importante recordar que los límites no están diseñados para restringir la libertad de los niños, sino para enseñarles a tomar decisiones responsables y a respetar a los demás. Los límites claros y coherentes ofrecen una estructura dentro de la cual los niños pueden explorar, aprender y crecer. Los niños que crecen con límites bien establecidos son más propensos a desarrollar habilidades de autocontrol, a tomar decisiones responsables y a respetar las reglas tanto en casa como en otros entornos, como la escuela o la comunidad.

Establecer límites y normas también tiene un impacto positivo en la relación entre padres e hijos. Cuando los padres son consistentes y claros en sus expectativas, los hijos se sienten más seguros y confiados. Saben lo que se espera de ellos y entienden que los padres están ahí para guiarlos y apoyarlos. Esta relación de confianza se fortalece con el tiempo, lo que facilita la comunicación y la resolución de conflictos a medida que los niños crecen.

En resumen, establecer límites y normas es esencial para guiar a los niños en su desarrollo. Estos límites, cuando son claros, coherentes y adaptados a la edad del niño, no solo les enseñan a comportarse de manera responsable, sino que también les proporcionan una sensación de seguridad y estructura. Involucrar a los niños en el proceso, explicarles las razones detrás de las reglas y utilizar consecuencias lógicas en lugar de castigos, son enfoques que fomentan el aprendizaje y el crecimiento. Aunque puede ser un desafío, el establecimiento de límites efectivos es una inversión a largo plazo en el bienestar emocional y social de los hijos.

Alexa Murphy

Motivación y Refuerzos en la Crianza

La motivación y el refuerzo son herramientas esenciales en la crianza de los hijos. A través de ellas, los padres pueden influir en el comportamiento de sus hijos de manera positiva, ayudándolos a aprender, crecer y desarrollarse. Todos los niños necesitan sentirse motivados para aprender nuevas habilidades, cumplir con las expectativas de sus padres y, en general, comportarse de manera adecuada. Sin embargo, muchas veces puede ser difícil saber cómo motivarlos de manera efectiva o qué tipo de refuerzos usar para fomentar buenos comportamientos.

Para entender mejor cómo funcionan la motivación y los refuerzos en la crianza, es importante tener en cuenta que los niños, como cualquier persona, responden mejor cuando se sienten apoyados, valorados y recompensados por sus esfuerzos. A menudo, los niños no solo necesitan saber qué hacer, sino que también necesitan una razón para hacerlo. Aquí es donde entra la motivación. La motivación puede venir de muchas fuentes, pero en la crianza, gran parte de esta proviene del deseo de los niños de complacer a sus padres, sentirse exitosos o recibir algún tipo de recompensa, ya sea emocional o material.

La motivación intrínseca es aquella que viene desde dentro. Es cuando el niño se siente impulsado a hacer algo porque le gusta o porque encuentra satisfacción en hacerlo. Por ejemplo, un niño que ama dibujar puede pasar horas concentrado en crear sus propios dibujos, sin necesidad de que alguien le diga que lo haga. Este tipo de motivación es muy poderosa y, como padres, es importante fomentar estos intereses naturales. Si un niño se siente motivado intrínsecamente a aprender algo, como leer o practicar un deporte, los padres pueden apoyarlo ofreciéndole oportunidades para que lo haga y animándolo a seguir adelante cuando se encuentre con dificultades.

Sin embargo, no todos los comportamientos deseables vienen acompañados de motivación intrínseca. Hay muchas tareas y responsabilidades que los niños pueden no encontrar particularmente atractivas o interesantes, como hacer la tarea o ayudar en las tareas del hogar. Aquí es donde la motivación extrínseca juega un papel importante. La motivación extrínseca proviene de recompensas externas, como elogios, recompensas materiales o privilegios. Si bien la motivación extrínseca no siempre es tan duradera como la intrínseca, puede ser una excelente manera de iniciar un comportamiento positivo hasta que el niño comience a encontrar satisfacción en la tarea por sí mismo.

Una de las formas más efectivas de utilizar la motivación extrínseca en la crianza es a través del refuerzo positivo. El refuerzo positivo consiste en recompensar a los niños cuando muestran el comportamiento que se desea. Estas recompensas no tienen que ser materiales o grandes. De hecho, algo tan simple como un elogio sincero puede ser un refuerzo muy poderoso. Cuando los niños reciben atención positiva por sus esfuerzos, se sienten valorados y motivados a seguir comportándose de esa manera. Por ejemplo, si un niño termina su tarea a tiempo, un comentario como "¡Qué bien lo has hecho! Estoy orgulloso de ti por haber terminado antes de cenar" puede ser suficiente para reforzar ese comportamiento.

El refuerzo positivo funciona mejor cuando es inmediato y está relacionado directamente con el comportamiento. Si un niño se comporta bien en el supermercado, en lugar de esperar a elogiarlo más tarde, es mucho más efectivo hacerlo en el momento: "Me encanta cómo has esperado pacientemente mientras hacíamos las compras". Esto ayuda al niño a conectar el comportamiento con la recompensa. Además, los refuerzos deben ser consistentes al principio, para que el niño comprenda claramente qué comportamientos están siendo reforzados. A medida que el niño interioriza esos comportamientos, los refuerzos pueden ir siendo menos frecuentes, ya que él empezará a comportarse de manera adecuada sin esperar una recompensa constante.

Sin embargo, es importante no confundir refuerzos positivos con soborno. Un soborno es cuando los padres prometen una recompensa antes de que el niño haya mostrado el comportamiento adecuado, mientras que el refuerzo positivo se ofrece después de que el comportamiento deseado ya ha ocurrido. Por ejemplo, si un padre dice "te daré una golosina si dejas de hacer ruido", está ofreciendo un soborno. En cambio, si el niño ya ha estado tranquilo y el padre luego lo elogia o lo recompensa, está utilizando un refuerzo positivo. El soborno puede enseñar al niño a comportarse mal a propósito para obtener una recompensa, mientras que el refuerzo positivo refuerza el buen comportamiento que ya ha ocurrido.

Además del refuerzo positivo, los padres también pueden utilizar refuerzos negativos para motivar el comportamiento adecuado. A pesar de su nombre, el refuerzo negativo no implica castigos ni consecuencias negativas, sino la eliminación de algo que el niño encuentra desagradable cuando muestra el comportamiento adecuado. Por ejemplo, si un niño se queja de que tiene que hacer sus deberes, un refuerzo negativo podría ser que se le permita dejar de hacerlos una vez que haya completado una cierta cantidad de trabajo bien hecho. De esta manera, el niño aprende que al hacer su tarea de manera eficiente, puede librarse de una experiencia desagradable.

Es crucial que los refuerzos sean apropiados para la edad del niño y la situación. Los niños pequeños, por ejemplo, responden bien a elogios verbales y recompensas tangibles pequeñas, como pegatinas o tiempo adicional de juego. A medida que los niños crecen, pueden sentirse más motivados por el reconocimiento de sus logros o por recibir privilegios adicionales, como más tiempo con sus amigos o un aumento en la autonomía en sus decisiones diarias. La clave es conocer a tu hijo y saber qué es lo que realmente lo motiva, ya que lo que funciona para un niño puede no funcionar para otro.

Por supuesto, no todo el comportamiento deseable puede ser reforzado o motivado por recompensas externas. A largo plazo, el objetivo es que los niños desarrollen una motivación interna para actuar de manera adecuada. Para fomentar esta motivación interna, los padres deben ayudar a los niños a comprender por qué ciertos comportamientos son importantes. Por ejemplo, si un niño ayuda a poner la mesa, no solo debemos elogiar su acción, sino también explicarle por qué su contribución es valiosa para la familia: "Gracias por ayudar con la mesa, eso hace que el trabajo sea más rápido y todos podamos cenar juntos". Al hacer esto, ayudamos a los niños a ver el valor intrínseco en sus acciones y a encontrar motivación en el bienestar de los demás, no solo en las recompensas.

A lo largo del proceso de crianza, es importante recordar que la motivación no siempre tiene que venir en forma de grandes recompensas o elogios exagerados. A veces, el simple hecho de prestar atención a los esfuerzos de un niño y reconocerlos es suficiente para motivarlo. Los niños buscan la aprobación y el cariño de sus padres, y a menudo, esa validación puede ser una de las formas más poderosas de motivación. Mostrar interés genuino en lo que hacen, hablar con ellos sobre sus logros, y compartir momentos de celebración por sus esfuerzos, puede tener un impacto profundo en su deseo de seguir adelante y mejorar.

También es importante ser paciente. A veces, los resultados de nuestros esfuerzos para motivar y reforzar el comportamiento adecuado no se ven de inmediato. Es posible que tengamos que repetir elogios o reforzar ciertas conductas varias veces antes de que el niño las adopte de manera natural. Sin embargo, con el tiempo, el refuerzo positivo y la motivación adecuada ayudan a construir hábitos que durarán toda la vida.

En resumen, la motivación y el refuerzo son herramientas poderosas en la crianza que ayudan a los niños a aprender y desarrollar comportamientos positivos. Tanto la motivación intrínseca como la extrínseca tienen su lugar en el proceso de aprendizaje, y los refuerzos positivos son una excelente manera de reforzar el buen comportamiento. A medida que los niños crecen, es importante que los padres los guíen hacia una mayor motivación interna, enseñándoles a encontrar satisfacción y valor en sus acciones, más allá de las recompensas externas. A través de la paciencia, la consistencia y el amor, los padres pueden ayudar a sus hijos a desarrollarse como individuos motivados, responsables y empáticos.

El Manejo de las Rabietas

Las rabietas son una parte común y natural del desarrollo infantil. A menudo, los padres se sienten frustrados o desbordados cuando sus hijos tienen una, especialmente si sucede en público o en momentos inconvenientes. Sin embargo, es importante recordar que las rabietas no son un signo de mal comportamiento o mala crianza. De hecho, son una forma en la que los niños, especialmente los más pequeños, expresan sus emociones cuando no saben cómo gestionarlas de otra manera. Aprender a manejar estas situaciones con paciencia y comprensión puede marcar una gran diferencia en la crianza.

Para entender mejor por qué los niños tienen rabietas, es necesario recordar que, a edades tempranas, aún no han desarrollado completamente la capacidad de regular sus emociones. Algo que para un adulto podría parecer insignificante, como no poder comer un dulce o tener que ponerse el abrigo, puede parecer una catástrofe para un niño pequeño. En estos momentos, el niño se siente abrumado por la frustración, el cansancio o la sobreestimulación, y una rabieta es su manera de liberar todas esas emociones acumuladas. No es algo que el niño haga intencionalmente para manipular a los padres, sino más bien una reacción a sentirse fuera de control.

Uno de los primeros pasos para manejar las rabietas de manera efectiva es tratar de prevenirlas antes de que ocurran. Aunque no siempre es posible evitarlas, hay ciertos factores que tienden a desencadenarlas, y los padres pueden tomar medidas para minimizarlos. Por ejemplo, muchos niños tienen más rabietas cuando están cansados, hambrientos o sobreestimulados. Asegurarse de que los niños estén bien descansados, hayan comido a tiempo y tengan momentos de calma puede reducir las probabilidades de una explosión emocional. También es útil anticiparse a las situaciones que suelen causar frustración. Si sabes que tu hijo tiene problemas para dejar el parque, puedes advertirle con anticipación: "Nos vamos en cinco minutos" o "Después de este juego, nos vamos a casa". Esto les ayuda a prepararse mentalmente para el cambio y a sentirse más en control.

Cuando una rabieta ocurre, lo más importante es mantener la calma. Es natural que los padres se sientan irritados o estresados cuando su hijo está gritando o llorando, especialmente si hay otras personas presentes. Sin embargo, responder con enojo o desesperación solo intensificará la situación. Los niños, especialmente los más pequeños, son muy sensibles a las emociones de sus padres, y si perciben que sus padres también están perdiendo el control, es probable que la rabieta empeore. En lugar de eso, es útil respirar profundamente, mantener un tono de voz tranquilo y tratar de mostrar empatía hacia lo que el niño está sintiendo, incluso si no puedes ceder a su demanda.

Mostrar empatía no significa ceder ante todas las exigencias del niño, sino reconocer sus emociones. Puedes decir algo como "Sé que estás muy molesto porque querías ese juguete, pero ahora no es el momento". Este tipo de declaraciones ayuda al niño a sentirse comprendido y validado, lo que a menudo puede calmar la intensidad de la rabieta. También es importante recordar que, en medio de una rabieta, los niños no están en un estado mental en el que puedan razonar o negociar. Intentar explicarles por qué su comportamiento es inapropiado o por qué no pueden tener lo que quieren probablemente no funcionará hasta que se hayan calmado.

Una estrategia útil durante las rabietas es ofrecer al niño un espacio seguro para desahogar sus emociones. Esto puede significar llevarlo a un lugar más tranquilo donde pueda estar lejos de distracciones o estímulos que puedan agravar su frustración. Algunos niños responden bien a un espacio físico, como su habitación, donde pueden calmarse sin sentirse observados o presionados. Otros niños prefieren tener a sus padres cerca durante una rabieta, incluso si no están listos para hablar o ser consolados de inmediato. Cada niño es diferente, y los padres deben ser sensibles a las necesidades individuales de su hijo en estos momentos.

Es importante no reforzar las rabietas de manera involuntaria. A veces, los padres, en su desesperación por que la rabieta termine, pueden ceder a las demandas del niño, dándole lo que quería para que se calme. Sin embargo, esto puede enseñar al niño que las rabietas son una forma efectiva de obtener lo que quiere. Si el niño aprende que gritar o llorar le consigue ese juguete o ese dulce que se le negó al principio, es probable que recurra a la misma estrategia en el futuro. Por eso, es esencial mantenerse firme una vez que se ha establecido un límite, sin ceder a las demandas del niño en medio de una rabieta.

A medida que el niño se va calmando, es un buen momento para ofrecer consuelo y apoyo. No se trata de castigar o regañar al niño por su rabieta, sino de ayudarlo a procesar lo que ha sucedido. Una vez que ambos estén tranquilos, puedes hablar sobre lo que pasó: "Parecías muy enojado porque no podías tener ese juguete. ¿Te gustaría contarme más sobre cómo te sentiste?". Este tipo de conversación no solo valida los sentimientos del niño, sino que también le da la oportunidad de empezar a poner palabras a sus emociones. Con el tiempo, este tipo de reflexión puede ayudar al niño a aprender a expresar sus sentimientos de manera más efectiva en lugar de recurrir a una rabieta.

Otra estrategia efectiva es enseñar habilidades de afrontamiento a los niños, para que puedan manejar mejor sus emociones la próxima vez. Por ejemplo, puedes enseñarle técnicas de respiración profunda, como inhalar lentamente por la nariz y exhalar por la boca, o cómo contar hasta diez cuando se sienta frustrado. Estos pequeños trucos pueden ser herramientas poderosas para que el niño aprenda a calmarse por sí mismo. Además, los padres pueden modelar cómo manejar el estrés o la frustración de manera calmada, ya que los niños aprenden mucho observando cómo sus padres responden a sus propias emociones.

Es importante tener en cuenta que las rabietas no duran para siempre. Son más comunes durante la etapa de los dos a los cinco años, cuando los niños aún están aprendiendo a regular sus emociones y a comunicarse de manera efectiva. Con el tiempo, a medida que desarrollan habilidades de lenguaje y estrategias para lidiar con la frustración, las rabietas tienden a disminuir. Sin embargo, la manera en que los padres manejan las rabietas durante esta etapa puede influir mucho en cómo los niños aprenden a gestionar sus emociones en el futuro.

Fomentando la Autoestima y la Confianza en los Niños

Fomentar la autoestima y la confianza en los niños es uno de los aspectos más importantes de la crianza, ya que estos son los pilares sobre los cuales los niños construirán su identidad y su forma de interactuar con el mundo. Un niño con una autoestima sana y una confianza bien desarrollada no solo se siente capaz de enfrentar desafíos, sino que también es más resiliente, se recupera mejor de las dificultades y tiene una visión más positiva de sí mismo y de sus capacidades. Sin embargo, fomentar la autoestima y la confianza no es algo que suceda de un día para otro, sino que es un proceso continuo que requiere tiempo, paciencia y dedicación.

La autoestima es, en esencia, la percepción que los niños tienen de sí mismos. Es la forma en que se valoran, lo que creen que son capaces de hacer y lo que sienten acerca de quiénes son como personas. Los niños no nacen con una autoestima definida; esta se desarrolla a través de las experiencias que tienen y las interacciones con las personas a su alrededor, especialmente con sus padres. Por eso, es tan importante que los padres jueguen un papel activo en ayudar a sus hijos a construir una imagen positiva de sí mismos.

Una de las maneras más efectivas de fomentar la autoestima en los niños es a través del amor y la aceptación incondicionales. Los niños necesitan saber que son amados y valorados, no solo por lo que hacen, sino por quienes son. Esto significa que, incluso cuando cometen errores o se portan mal, necesitan sentir que el amor de sus padres no está en juego. Al brindarles un entorno seguro y lleno de afecto, los padres envían el mensaje de que los niños son dignos de amor, independientemente de sus éxitos o fracasos. Esta sensación de ser amados sin condiciones es la base sobre la cual se construye una autoestima sólida.

Es crucial que los padres brinden elogios de manera adecuada. Aunque los elogios son una herramienta poderosa para fomentar la autoestima, es importante que sean genuinos y específicos. Elogiar a un niño por ser "inteligente" o "bueno" puede parecer positivo, pero en realidad, puede hacer que el niño sienta que su valor está atado a esos aspectos. En lugar de eso, es mejor elogiar los esfuerzos y logros concretos: "Me encanta cómo te esforzaste en ese dibujo, se nota que pusiste mucho trabajo" o "Estoy orgulloso de cómo intentaste resolver ese problema de matemáticas". Al hacer esto, los padres refuerzan la idea de que lo importante no es ser perfecto, sino el esfuerzo y la perseverancia.

Otro aspecto clave para fomentar la autoestima es permitir que los niños tomen decisiones y se enfrenten a desafíos apropiados para su edad. Cuando los niños tienen la oportunidad de tomar decisiones, ya sea algo tan simple como elegir su ropa o decidir qué actividad quieren hacer, se les enseña que sus opiniones y deseos son valiosos. Esto también les ayuda a desarrollar un sentido de control sobre sus vidas, lo que aumenta su confianza en sí mismos. Por supuesto, las decisiones que se les permite tomar deben ser adecuadas para su nivel de madurez, pero incluso las elecciones pequeñas pueden tener un gran impacto en su sentido de autonomía.

Además, es importante que los padres permitan que los niños experimenten fracasos y dificultades. Aunque es natural querer proteger a los hijos de las decepciones, evitar que enfrenten desafíos puede impedir que desarrollen la confianza en sus habilidades para superar obstáculos. Los niños que nunca experimentan el fracaso pueden llegar a dudar de sus capacidades o sentir miedo a intentarlo nuevamente. En lugar de eso, cuando un niño fracasa o se enfrenta a una dificultad, los padres deben apoyar su esfuerzo, reconocer su frustración y animarlo a seguir adelante. "Sé que fue difícil no ganar ese partido, pero me impresiona que hayas seguido intentándolo hasta el final. ¿Qué crees que podrías hacer diferente la próxima vez?" Este enfoque no solo fortalece la autoestima, sino que también enseña a los niños la importancia de la resiliencia.

Otra forma de fomentar la autoestima es ayudando a los niños a desarrollar una imagen positiva de sí mismos a través de la retroalimentación constructiva. Todos los niños, al igual que los adultos, cometerán errores y se equivocarán en algún momento. En lugar de criticar o hacer sentir mal al niño por esos errores, es más útil centrarse en cómo pueden aprender de la situación. Por ejemplo, si un niño no completa una tarea a tiempo, en lugar de decirle "Siempre te retrasas, nunca haces nada bien", los padres pueden decir "Parece que esta vez fue difícil terminar a tiempo. ¿Cómo crees que podrías organizarte mejor la próxima vez?". Este tipo de retroalimentación ayuda al niño a ver los errores como oportunidades para mejorar en lugar de sentir que ha fallado de manera irremediable.

El modelado también juega un papel crucial en el desarrollo de la autoestima y la confianza. Los niños observan constantemente a sus padres y a los adultos a su alrededor, y sus comportamientos y actitudes tienen un gran impacto en cómo los niños ven el mundo y a sí mismos. Si los padres modelan una actitud positiva hacia ellos mismos, aceptan sus propios errores y muestran confianza en sus habilidades, los niños aprenderán a hacer lo mismo. Por otro lado, si los padres son críticos consigo mismos o muestran baja autoestima, los niños pueden internalizar esos comportamientos. Es importante que los padres demuestren cómo manejar las dificultades con confianza y optimismo.

Las actividades que fomentan el sentido de logro también son esenciales para construir la autoestima de los niños. Participar en actividades que les permitan desarrollar nuevas habilidades, como deportes, música, arte o cualquier otra área de interés, puede hacer que los niños se sientan capaces y orgullosos de sus logros. Los padres pueden apoyar estos esfuerzos brindando elogios por el esfuerzo y la dedicación, no solo por el resultado final. Por ejemplo, si un niño ha estado practicando un instrumento musical, es importante reconocer su progreso y esfuerzo: "Puedo escuchar cuánto has mejorado con esa canción, cada vez suena mejor". Este tipo de comentarios refuerzan la idea de que el progreso es tan valioso como el resultado final.

También es importante enseñar a los niños a ser amables consigo mismos. Los niños, al igual que los adultos, pueden ser muy duros consigo mismos cuando sienten que han fallado o cuando las cosas no salen como esperaban. Enseñarles a hablarse a sí mismos de manera positiva y a ser compasivos con sus propios errores puede tener un gran impacto en su autoestima. Los padres pueden modelar esto verbalmente: "A veces me equivoco, pero lo importante es que sigo aprendiendo y lo intento de nuevo". Al aprender a tratarse con amabilidad y comprensión, los niños desarrollan una autoestima más fuerte y menos dependiente de la aprobación externa.

Es fundamental recordar que la autoestima no es lo mismo que el egoísmo o la arrogancia. Fomentar una autoestima sana en los niños no significa hacer que se sientan mejores que los demás, sino ayudarles a sentirse seguros y cómodos consigo mismos. Un niño con una autoestima saludable no necesita compararse con los demás ni buscar constantemente la validación externa. En lugar de eso, se siente capaz, valioso y seguro de quién es, sin necesidad de menospreciar a otros para sentirse bien.

Finalmente, el papel de los padres en el desarrollo de la autoestima de sus hijos es continuo y evoluciona con el tiempo. A medida que los niños crecen, sus desafíos cambian, y también lo hacen las formas en que necesitan apoyo y validación. Sin embargo, los principios fundamentales siguen siendo los mismos: amor incondicional, elogios genuinos, oportunidades para tomar decisiones y enfrentar desafíos, y modelado positivo. Cuando los padres cultivan estos aspectos en la crianza, ayudan a sus hijos a desarrollar una autoestima fuerte y una confianza que les servirá de por vida.

La autoestima y la confianza son esenciales para que los niños se conviertan en adultos seguros, capaces de enfrentar los retos que la vida les presente. Con el apoyo adecuado, los niños pueden aprender a valorarse a sí mismos, a creer en sus capacidades y a crecer como individuos seguros y empáticos, preparados para enfrentar el mundo con optimismo y determinación.

La Importancia del Juego en el Desarrollo

El juego es una de las actividades más importantes en la vida de un niño. Aunque para los adultos pueda parecer simplemente una manera de entretenerse o pasar el tiempo, en realidad, el juego es fundamental para el desarrollo físico, emocional, social y cognitivo de los niños. A través del juego, los niños aprenden sobre el mundo que los rodea, desarrollan habilidades esenciales y comienzan a entender sus propias emociones y las de los demás. Es una herramienta poderosa que fomenta su crecimiento en múltiples aspectos, y es crucial que los padres comprendan su importancia para poder apoyarlo y fomentarlo de la mejor manera posible.

El juego no solo es diversión, también es aprendizaje. Los niños aprenden haciendo, y el juego les permite explorar, experimentar y descubrir de forma libre y segura. Desde el momento en que un bebé agarra un sonajero o cuando un niño construye una torre de bloques, están desarrollando habilidades importantes sin siquiera darse cuenta. En este sentido, el juego les brinda la oportunidad de desarrollar sus capacidades motoras, ya sea al correr, saltar, manipular objetos pequeños o utilizar herramientas de juego. Cada acción que realizan los ayuda a coordinar mejor sus movimientos y a fortalecer su cuerpo.

El desarrollo cognitivo también se ve favorecido por el juego. Cuando los niños juegan, están constantemente enfrentando desafíos y resolviendo problemas. Al construir una torre de bloques, por ejemplo, tienen que pensar en cómo hacerla más alta o cómo evitar que se caiga. Si están jugando con rompecabezas, deben utilizar su lógica y sus habilidades de razonamiento para encajar las piezas en los lugares correctos. Este tipo de actividades no solo desarrolla su capacidad de resolución de problemas, sino que también fomenta su creatividad y pensamiento crítico. En el juego simbólico, donde los niños fingen ser otras personas o animales, utilizan su imaginación para crear historias y situaciones complejas, lo que les ayuda a comprender mejor el mundo que los rodea y a desarrollar su capacidad para pensar de manera abstracta.

El juego también es crucial para el desarrollo emocional. A través de las diferentes formas de juego, los niños aprenden a reconocer y gestionar sus propias emociones. Un niño que juega a ser un superhéroe puede estar explorando sus sentimientos de poder y control, mientras que otro que juega con muñecas puede estar procesando sus sentimientos de cuidado y empatía. El juego les permite expresar sus emociones de manera segura, lo que les ayuda a comprenderlas mejor y a aprender cómo manejarlas en situaciones reales. Además, cuando juegan con otros niños, se ven obligados a enfrentarse a una variedad de emociones, como la frustración cuando pierden un juego, la alegría cuando logran un objetivo, o la paciencia cuando deben esperar su turno. A través de estas experiencias, los niños aprenden a regular sus emociones y a desarrollar una mayor inteligencia emocional.

En términos sociales, el juego es una de las primeras oportunidades que los niños tienen para interactuar con otros de manera estructurada. A medida que crecen, comienzan a participar en juegos cooperativos, donde deben trabajar juntos para lograr un objetivo común, como en los juegos de equipo o las actividades de construcción compartidas. En estas situaciones, los niños aprenden habilidades sociales importantes, como la comunicación, la negociación, la resolución de conflictos y la cooperación. Aprenden a escuchar a los demás, a comprometerse y a compartir, lo cual es fundamental para su desarrollo social y su capacidad de establecer relaciones saludables en el futuro. El juego es una de las primeras formas en que los niños experimentan el trabajo en equipo y el respeto por las reglas y los turnos.

Además del juego social, también es importante reconocer el valor del juego individual. Cuando los niños juegan solos, tienen la oportunidad de explorar sus propios intereses y de desarrollar su independencia. Este tipo de juego es igualmente valioso, ya que les permite a los niños descubrir lo que les gusta y lo que no, y a su vez, fortalece su capacidad para concentrarse en una tarea y mantenerse comprometidos sin la necesidad de la presencia constante de un adulto o de otros niños. El juego individual también fomenta la autorreflexión, ya que los niños tienen la libertad de crear y explorar a su propio ritmo, sin la influencia o expectativas de los demás.

El juego al aire libre, en particular, tiene múltiples beneficios adicionales. Permite a los niños conectar con la naturaleza, explorar su entorno físico y desarrollar una mayor apreciación por el mundo natural. Correr, trepar, saltar y explorar al aire libre no solo favorece el desarrollo físico, sino que también proporciona a los niños la oportunidad de experimentar el riesgo controlado. Subir a un árbol, correr por una colina o construir una fortaleza con ramas enseña a los niños a evaluar situaciones, a medir sus propios límites y a tomar decisiones sobre lo que es seguro o no. Este tipo de experiencias contribuyen a aumentar su confianza en sí mismos y a desarrollar un sentido de logro.

También es importante destacar que el juego no siempre tiene que ser estructurado o dirigido por los adultos. A veces, los padres caen en la trampa de querer dirigir el juego de sus hijos o de planificar actividades constantemente. Si bien las actividades organizadas tienen su lugar y son valiosas, también es crucial permitir que los niños jueguen de manera libre y espontánea. El juego no estructurado, donde los niños tienen el control total sobre lo que quieren hacer, les permite desarrollar su creatividad, su capacidad de resolución de problemas y su independencia. Este tipo de juego también les enseña a autogestionarse y a ser responsables de sus propias decisiones, ya que son ellos quienes deciden las reglas, las historias y las metas del juego.

El juego también puede ser una herramienta valiosa para fortalecer el vínculo entre padres e hijos. Cuando los padres se involucran en el juego de sus hijos, están enviando el mensaje de que valoran el tiempo que pasan juntos y que están interesados en lo que sus hijos disfrutan. Jugar con los hijos no solo fortalece la relación, sino que también les da a los padres la oportunidad de observar y aprender más sobre la personalidad de sus hijos, sus intereses y su forma de ver el mundo. Este tiempo de juego compartido puede ser tan simple como construir algo con bloques, jugar un juego de mesa o inventar una historia juntos. Lo importante no es la actividad en sí, sino el tiempo de calidad y la conexión que se establece durante el juego.

En resumen, el juego es mucho más que una simple forma de entretenimiento para los niños. Es una herramienta esencial para su desarrollo en todas las áreas: física, cognitiva, emocional y social. A través del juego, los niños exploran, aprenden, se desarrollan y se preparan para enfrentar el mundo. Los padres juegan un papel fundamental en apoyar y fomentar este proceso, ya sea proporcionándoles tiempo y espacio para jugar, involucrándose en su juego o simplemente permitiéndoles la libertad de explorar y crear a su propio ritmo. Al entender la importancia del juego y su papel en el desarrollo infantil, los padres pueden ayudar a sus hijos a crecer de manera saludable, feliz y equilibrada.

Alexa Murphy

La Inteligencia Emocional en los Niños

La inteligencia emocional es una de las habilidades más importantes que los niños pueden desarrollar desde temprana edad. A diferencia del coeficiente intelectual, que mide habilidades como la lógica y la capacidad para resolver problemas, la inteligencia emocional se refiere a la capacidad de entender y gestionar las emociones, tanto propias como las de los demás. En la vida diaria, la inteligencia emocional juega un papel crucial en las relaciones, en la manera en que las personas afrontan los desafíos y en la forma en que se manejan las situaciones difíciles. En los niños, el desarrollo de esta habilidad les ayuda a ser más empáticos, a entender sus propios sentimientos y a interactuar de manera más saludable con los demás.

Desde muy pequeños, los niños experimentan una amplia gama de emociones. Pueden sentir alegría cuando están jugando con un amigo, tristeza cuando pierden su juguete favorito o frustración cuando no logran algo que intentan. Sin embargo, a menudo no tienen las herramientas para identificar y gestionar estos sentimientos. Aquí es donde entra en juego la inteligencia emocional. Enseñar a los niños a reconocer lo que sienten y a ponerle un nombre a esas emociones es el primer paso para desarrollar su inteligencia emocional. Por ejemplo, si un niño está molesto porque no pudo ganar en un juego, es importante que los padres le ayuden a identificar ese sentimiento: "Parece que estás frustrado porque las cosas no salieron como querías. Está bien sentirse así". Esta simple acción de poner en palabras lo que siente el niño no solo valida sus emociones, sino que también le enseña a reconocerlas.

La inteligencia emocional también implica aprender a manejar las emociones de manera apropiada. Los niños, al igual que los adultos, a veces pueden sentirse abrumados por sus sentimientos. Un niño pequeño que está frustrado puede comenzar a llorar o tener una rabieta porque aún no sabe cómo canalizar su frustración de otra manera. Aquí es donde los padres pueden intervenir para enseñarles estrategias de regulación emocional. En lugar de ignorar o minimizar las emociones del niño, los padres pueden ofrecerle herramientas para manejar lo que siente. Por ejemplo, si un niño se siente muy enojado, los padres pueden enseñarle a tomar respiraciones profundas para calmarse o a alejarse de la situación por un momento hasta que se sienta más tranquilo. Estas son habilidades que los niños pueden aprender y practicar con el tiempo, y que serán útiles a lo largo de toda su vida.

Un aspecto clave de la inteligencia emocional es la empatía, que es la capacidad de entender y compartir los sentimientos de los demás. Desarrollar empatía en los niños no solo les ayuda a construir relaciones más saludables, sino que también fomenta un ambiente de respeto y comprensión. Los niños que aprenden a ser empáticos son más capaces de ponerse en el lugar de los demás y de responder de manera más adecuada a las necesidades emocionales de las personas a su alrededor. Un ejemplo sencillo de cómo se puede fomentar la empatía en los niños es ayudarles a reflexionar sobre cómo se sienten los demás en determinadas situaciones. Si un niño le quita un juguete a su hermano, los padres pueden preguntarle: "¿Cómo crees que se siente tu hermano cuando le quitas su juguete? ¿Qué podrías hacer para que se sienta mejor?". Estas preguntas no solo ayudan al niño a pensar en las emociones de los demás, sino que también lo guían hacia la toma de decisiones más empáticas.

Otro aspecto importante de la inteligencia emocional es la autoconciencia. Esta habilidad permite a los niños ser más conscientes de sus propias emociones y de cómo estas afectan su comportamiento. Cuando los niños son capaces de identificar sus sentimientos, pueden tomar decisiones más informadas sobre cómo actuar. Por ejemplo, si un niño es consciente de que está comenzando a sentirse frustrado, puede decidir tomar un descanso antes de que sus emociones lo lleven a un comportamiento impulsivo, como gritar o empujar a otro niño. Los padres pueden ayudar a desarrollar esta autoconciencia al alentar a sus hijos a hablar sobre lo que sienten y cómo ciertas emociones afectan sus decisiones. Un simple "¿Cómo te sientes en este momento?" puede ser una excelente manera de iniciar una conversación que ayude al niño a reflexionar sobre sus emociones.

La inteligencia emocional también está vinculada a la capacidad de los niños para manejar las relaciones interpersonales de manera saludable. Los niños que tienen una mayor inteligencia emocional son más capaces de resolver conflictos de manera efectiva, ya que pueden ver las cosas desde el punto de vista de los demás y manejar sus propias emociones durante situaciones tensas. Por ejemplo, si dos niños están discutiendo sobre quién debe ser el líder en un juego, aquellos que han desarrollado su inteligencia emocional pueden estar más dispuestos a escuchar las perspectivas de los demás y a llegar a un acuerdo, en lugar de simplemente insistir en salirse con la suya. Enseñar a los niños a resolver conflictos de manera pacífica es una parte esencial del desarrollo de la inteligencia emocional. Los padres pueden modelar estas habilidades en casa al mostrar cómo se resuelven los desacuerdos de manera respetuosa y sin recurrir a gritos o castigos.

Además de todo esto, es importante que los niños aprendan a ser resilientes, es decir, a manejar las emociones difíciles y a recuperarse de situaciones estresantes. La resiliencia es una parte importante de la inteligencia emocional, ya que permite a los niños enfrentar los retos de la vida con una actitud más positiva y con la capacidad de recuperarse de las adversidades. Los niños resilientes son más capaces de enfrentar el fracaso o la decepción sin perder la confianza en sí mismos ni sentirse desbordados por sus emociones. Los padres pueden fomentar la resiliencia ayudando a los niños a ver los problemas como oportunidades de aprendizaje en lugar de fracasos. Si un niño no logra algo que intentó, en lugar de decirle "No te preocupes, no era tan importante", los padres pueden decir: "Es normal sentirse decepcionado, pero piensa en lo que podrías hacer diferente la próxima vez". Este tipo de enfoque ayuda a los niños a aprender que las dificultades no son insuperables y que pueden encontrar soluciones a los problemas.

La inteligencia emocional no es algo que los niños desarrollen por sí solos; requiere el apoyo y la orientación de los adultos en sus vidas. Los padres juegan un papel crucial al modelar el comportamiento emocionalmente inteligente. Los niños observan constantemente cómo sus padres manejan las emociones y las interacciones sociales. Si los padres reaccionan de manera calmada y comprensiva ante situaciones difíciles, los niños aprenderán a hacer lo mismo. Por otro lado, si los padres tienden a reaccionar con enojo o frustración, es probable que los niños imiten ese comportamiento. Por eso es tan importante que los padres trabajen en su propia inteligencia emocional y demuestren a sus hijos cómo manejar las emociones de manera saludable.

Es importante tener en cuenta que cada niño es diferente, y algunos pueden desarrollar la inteligencia emocional más rápido que otros. Algunos niños son naturalmente más sensibles a las emociones de los demás, mientras que otros pueden necesitar más tiempo y apoyo para aprender a reconocer y gestionar sus emociones. En cualquier caso, es esencial que los padres tengan paciencia y ofrezcan un ambiente donde los niños se sientan seguros para expresar sus sentimientos. Crear un espacio donde las emociones sean validadas y no juzgadas permite que los niños se sientan más cómodos compartiendo lo que sienten y aprendiendo a manejar sus emociones de manera más efectiva.

En conclusión, la inteligencia emocional es una habilidad esencial que ayuda a los niños a desarrollar relaciones saludables, a manejar sus emociones y a enfrentar los desafíos de la vida de manera más efectiva. Los padres juegan un papel clave en este proceso, brindando apoyo, orientación y un modelo a seguir. Al enseñar a los niños a identificar, comprender y gestionar sus emociones, así como a ser empáticos con los demás, los padres están ayudando a preparar a sus hijos para una vida más equilibrada, feliz y satisfactoria. A través de la paciencia, el apoyo emocional y el ejemplo, los padres pueden contribuir de manera significativa al desarrollo de la inteligencia emocional de sus hijos, algo que les beneficiará no solo en la infancia, sino a lo largo de toda su vida.

Alexa Murphy

Cómo Tratar la Ansiedad y el Estrés Infantil

La ansiedad y el estrés no son emociones exclusivas de los adultos; los niños también pueden experimentar estos sentimientos en diferentes momentos de sus vidas. Sin embargo, a diferencia de los adultos, los niños a menudo no tienen las herramientas necesarias para entender lo que están sintiendo ni para gestionar esos sentimientos de manera adecuada. La ansiedad y el estrés en los niños pueden surgir por una variedad de razones, desde cambios en su entorno, como comenzar en una nueva escuela o enfrentar una situación desconocida, hasta problemas familiares o sociales. Lo importante es que, como padres, podamos identificar estos momentos de ansiedad y estrés, y ofrecer a los niños el apoyo necesario para superarlos de manera saludable.

Una de las primeras señales de que un niño está experimentando ansiedad o estrés es un cambio en su comportamiento. Tal vez notes que está más irritable de lo normal, que tiene dificultades para dormir o que se muestra más retraído en situaciones sociales. Algunos niños pueden manifestar su ansiedad a través de quejas físicas, como dolores de cabeza o de estómago, ya que a veces su estrés emocional se refleja en su cuerpo. También es común que los niños ansiosos eviten ciertas situaciones o actividades que antes disfrutaban, ya que pueden sentirse abrumados por el miedo o la preocupación. Si ves alguno de estos comportamientos en tu hijo, es importante abordarlos con empatía y comprensión, en lugar de desestimarlos como algo pasajero o sin importancia.

Una vez que has identificado que tu hijo puede estar enfrentando ansiedad o estrés, es fundamental crear un espacio seguro donde pueda hablar sobre lo que está sintiendo. A menudo, los niños no tienen el vocabulario emocional para expresar claramente lo que les está ocurriendo, por lo que es útil que los padres hagan preguntas abiertas que inviten al niño a hablar. En lugar de preguntar "¿Por qué estás estresado?" podrías decir algo como "He notado que has estado un poco preocupado últimamente. ¿Hay algo que te esté molestando?". Este tipo de preguntas les da a los niños la oportunidad de compartir sus preocupaciones sin sentirse presionados o juzgados. Es importante que, cuando hablen, los escuches con atención y valides sus sentimientos. Decirles algo tan simple como "Es normal sentirse preocupado a veces" puede hacer que los niños se sientan comprendidos y apoyados.

Una de las formas más efectivas de ayudar a los niños a manejar la ansiedad y el estrés es enseñarles técnicas de relajación. Estas técnicas no solo los ayudan a calmarse en el momento, sino que también les brindan herramientas que pueden utilizar en el futuro cuando se enfrenten a situaciones estresantes. Una de las técnicas más simples y efectivas es la respiración profunda. Cuando los niños se sienten ansiosos, su respiración tiende a ser rápida y superficial, lo que puede intensificar los sentimientos de estrés. Enseñarles a respirar lenta y profundamente puede ayudar a reducir esos sentimientos de ansiedad. Puedes hacer que practiquen esto contigo, pidiéndoles que imaginen que están inflando un globo grande y que deben llenar el globo con su respiración lenta y constante. Este ejercicio les enseña a tomar el control de su respiración y, por lo tanto, a sentirse más tranquilos.

Otra técnica que puede ser útil es el uso de visualizaciones. Puedes invitar a tu hijo a cerrar los ojos y a imaginarse en un lugar que le haga sentir seguro y tranquilo, como una playa o un parque. Pídele que imagine los detalles de ese lugar: el sonido de las olas, el calor del sol o el canto de los pájaros. Al concentrarse en esta imagen relajante, el niño puede desviar su atención de lo que le causa estrés y sentirse más calmado. Estas visualizaciones pueden ser muy útiles antes de situaciones que les generen ansiedad, como ir a la escuela o enfrentarse a algo que les preocupa.

Además de las técnicas de relajación, es importante ayudar a los niños a entender que el estrés y la ansiedad son emociones normales que todos experimentamos en algún momento. No se trata de eliminar por completo estas emociones, ya que forman parte de la vida, sino de aprender a manejarlas de manera saludable. Los niños deben entender que está bien sentirse nerviosos o preocupados de vez en cuando, pero también es importante que sepan que tienen el poder de controlar cómo reaccionan ante esos sentimientos. Los padres pueden ayudar a transmitir este mensaje al compartir sus propias experiencias con el estrés y la ansiedad, mostrándoles que incluso los adultos enfrentan estos sentimientos, pero que hay formas de sobrellevarlos.

La actividad física también es una herramienta poderosa para reducir la ansiedad y el estrés en los niños. El ejercicio no solo es beneficioso para la salud física, sino que también tiene un impacto positivo en el bienestar emocional. Cuando los niños están activos, sus cuerpos liberan endorfinas, que son sustancias químicas que mejoran el estado de ánimo y reducen el estrés. Además, el ejercicio les ofrece una forma de liberar la energía acumulada que puede estar contribuyendo a su ansiedad. No es necesario que los niños participen en actividades deportivas organizadas para obtener estos beneficios. Algo tan simple como salir a caminar, correr o jugar en el parque puede ser suficiente para ayudarles a liberar tensión y sentirse mejor.

El juego libre también puede ser una excelente forma de ayudar a los niños a relajarse y a olvidar por un momento sus preocupaciones. A través del juego, los niños pueden expresar sus emociones de manera creativa y liberar cualquier tensión que puedan estar sintiendo. El juego de roles, por ejemplo, donde los niños fingen ser otra persona o situación, puede ayudarles a procesar sus sentimientos de una manera segura y controlada. Si un niño está estresado por un examen en la escuela, tal vez quiera jugar a ser el maestro o el alumno, lo que le permite explorar sus emociones en un ambiente libre de juicio.

Es importante también establecer una rutina diaria que proporcione estructura y predictibilidad para los niños. El estrés a menudo puede surgir de la incertidumbre y la falta de control sobre las situaciones. Tener una rutina clara y predecible puede ayudar a los niños a sentirse más seguros y menos ansiosos. Esto no significa que cada momento del día deba estar planificado, pero sí que haya ciertos elementos consistentes, como horarios regulares para comer, jugar y dormir. Saber lo que va a suceder a continuación puede proporcionarles a los niños una sensación de estabilidad en medio de cualquier situación estresante.

Además, es fundamental que los niños tengan tiempo suficiente para relajarse. A menudo, los horarios de los niños están llenos de actividades, lo que puede aumentar su estrés. Aunque es importante que participen en actividades que disfruten, también necesitan tiempo para simplemente ser niños, sin la presión de cumplir con compromisos o expectativas. Asegúrate de que tu hijo tenga tiempo para relajarse y descansar, sin actividades programadas, lo que le permitirá recargar energías y reducir el estrés.

Por último, en algunos casos, la ansiedad o el estrés de los niños puede ser más profundo y persistente, y es posible que necesiten apoyo adicional. Si notas que tu hijo está lidiando con ansiedad o estrés de manera constante y que sus emociones están interfiriendo en su capacidad para disfrutar de la vida diaria, podría ser útil buscar la ayuda de un profesional. Un psicólogo infantil puede trabajar con el niño para enseñarle técnicas más avanzadas de manejo del estrés y la ansiedad, así como ayudar a identificar cualquier causa subyacente que pueda estar contribuyendo a sus sentimientos.

En resumen, la ansiedad y el estrés son emociones comunes en los niños, pero con el apoyo adecuado, pueden aprender a manejarlas de manera saludable. Los padres juegan un papel crucial al proporcionar un ambiente de apoyo, escuchar activamente a sus hijos, enseñarles técnicas de relajación y modelar formas saludables de manejar el estrés. Al ayudar a los niños a comprender y gestionar su ansiedad, no solo se les está proporcionando alivio en el momento, sino que también se les está equipando con habilidades valiosas que les servirán a lo largo de toda su vida.

La Influencia del Entorno Familiar en el Comportamiento Infantil

El entorno familiar es uno de los factores más importantes en el desarrollo y comportamiento de un niño. Desde el momento en que nacen, los niños absorben todo lo que ven, oyen y sienten en su hogar. Es en este entorno donde comienzan a formarse sus primeras ideas sobre el mundo, sobre cómo interactuar con los demás y sobre sí mismos. Por eso, es crucial entender cómo la dinámica familiar puede influir en el comportamiento de los niños, para poder ofrecerles un ambiente que favorezca su crecimiento emocional y social de manera positiva.

Los niños son como pequeñas esponjas que absorben todo lo que sucede a su alrededor. Desde muy pequeños, observan cómo se comportan sus padres y otros miembros de la familia, y tienden a imitar lo que ven. Si un niño crece en un entorno donde prevalecen la paciencia, el respeto mutuo y la comunicación efectiva, es probable que adopte esos mismos valores y los refleje en su comportamiento. Por el contrario, si el niño está expuesto a gritos, peleas constantes o falta de comunicación, también es probable que esas actitudes se vean reflejadas en su forma de actuar.

Una de las formas más claras en las que el entorno familiar influye en el comportamiento infantil es a través de la manera en que los padres manejan sus emociones y conflictos. Los niños observan atentamente cómo sus padres responden ante el estrés, la frustración o los problemas cotidianos, y muchas veces, reproducen esas respuestas. Si los padres son capaces de manejar sus emociones de manera tranquila y controlada, y resuelven los conflictos con respeto y empatía, los niños aprenderán que esa es una forma efectiva y saludable de lidiar con las dificultades. Sin embargo, si los padres responden a los desafíos con gritos, insultos o violencia, los niños pueden adoptar esas mismas conductas como mecanismos de defensa o formas de comunicación.

Otro aspecto importante es la consistencia en la crianza. Los niños necesitan un entorno estable y predecible para sentirse seguros y confiados. Cuando las reglas y expectativas son claras y coherentes, los niños saben qué se espera de ellos y cuáles son los límites. Esto les ayuda a desarrollar un sentido de responsabilidad y a entender las consecuencias de sus acciones. Por otro lado, si las reglas en el hogar cambian constantemente o no se aplican de manera uniforme, los niños pueden sentirse confundidos y frustrados, lo que puede llevar a comportamientos desafiantes o inapropiados. La consistencia no solo se refiere a las normas, sino también al afecto y la atención que los padres brindan. Un hogar donde el niño recibe amor, apoyo y comprensión de manera constante favorece su bienestar emocional y refuerza comportamientos positivos.

El estilo de crianza que adoptan los padres también juega un papel fundamental en el comportamiento de los hijos. Existen diferentes estilos de crianza, y cada uno tiene un impacto distinto en el desarrollo de los niños. El estilo autoritario, por ejemplo, se caracteriza por ser estricto y poco flexible, donde los padres imponen reglas sin lugar para el diálogo. Los niños que crecen en este tipo de entorno pueden desarrollar comportamientos rebeldes o, por el contrario, volverse muy sumisos, ya que no se les permite expresar sus opiniones o emociones libremente. En contraste, el estilo permisivo se basa en la libertad casi total, con pocas reglas o límites claros. Los niños criados bajo este enfoque pueden desarrollar comportamientos impulsivos o desafiantes, ya que no aprenden a regular sus acciones ni a respetar los límites.

El estilo democrático, en cambio, se presenta como una opción más equilibrada, donde los padres establecen reglas claras, pero también fomentan el diálogo y la comprensión mutua. En este tipo de entorno, los niños aprenden a tomar decisiones, a responsabilizarse de sus actos y a expresar sus sentimientos de manera saludable. Este estilo de crianza tiende a generar comportamientos más positivos, ya que los niños se sienten valorados y respetados, al tiempo que comprenden la importancia de seguir normas y límites.

La calidad de las relaciones entre los miembros de la familia también tiene un impacto directo en el comportamiento de los niños. Un hogar donde prevalecen las relaciones afectuosas y de apoyo crea un ambiente en el que los niños se sienten seguros y queridos. En este tipo de entorno, los niños suelen desarrollar una autoestima más fuerte, lo que se refleja en comportamientos más asertivos y menos dependientes. Sin embargo, cuando las relaciones familiares están marcadas por la tensión, el conflicto o la indiferencia, los niños pueden sentir inseguridad o abandono emocional, lo que puede llevar a comportamientos agresivos, desafiantes o retraídos.

Es importante destacar que no solo la relación entre los padres y los hijos influye en el comportamiento infantil, sino también la relación entre los padres. Los niños observan cómo sus padres interactúan entre sí y, a menudo, esas interacciones sirven como modelo para sus propias relaciones en el futuro. Si los padres se tratan con respeto y consideración, es probable que los niños internalicen esos mismos valores. En cambio, si los padres están en constante conflicto o muestran desinterés mutuo, los niños pueden experimentar sentimientos de ansiedad o inseguridad, lo que puede manifestarse en comportamientos problemáticos.

Otro aspecto crucial es la forma en que los padres manejan los errores o las dificultades de sus hijos. Un entorno familiar donde se permite que los niños cometan errores sin ser castigados de manera severa fomenta el aprendizaje y el crecimiento. Cuando los padres responden a los errores con paciencia y enseñan a los niños a aprender de sus equivocaciones, se les da la oportunidad de desarrollar habilidades de resolución de problemas y resiliencia. Por el contrario, si los errores se tratan con castigos excesivos o críticas destructivas, los niños pueden desarrollar miedo al fracaso o una baja autoestima, lo que puede afectar negativamente su comportamiento.

El apoyo emocional que los niños reciben en casa también es fundamental para su comportamiento. Los niños que se sienten escuchados, comprendidos y apoyados en su entorno familiar tienden a tener un comportamiento más equilibrado y positivo. Saben que pueden acudir a sus padres en busca de ayuda cuando enfrentan dificultades, lo que les da una sensación de seguridad emocional. Sin embargo, cuando los niños no reciben este tipo de apoyo, pueden buscar atención de maneras menos saludables, como portarse mal o actuar de manera desafiante para llamar la atención de sus padres.

En conclusión, el entorno familiar tiene una influencia profunda y duradera en el comportamiento de los niños. Los padres desempeñan un papel central al modelar conductas, establecer reglas y proporcionar apoyo emocional. Un entorno familiar que fomente la estabilidad, el amor y la comunicación abierta crea las condiciones ideales para que los niños desarrollen comportamientos positivos y saludables. En cambio, un hogar donde prevalece la inconsistencia, el conflicto o la falta de apoyo puede dar lugar a comportamientos desafiantes o problemáticos. Al ser conscientes de cómo el entorno familiar influye en sus hijos, los padres pueden tomar medidas para crear un ambiente que promueva el bienestar emocional y el desarrollo positivo de sus hijos, brindándoles las herramientas necesarias para enfrentar los desafíos de la vida de manera saludable y exitosa.

Fomentando la Autonomía en los Niños

Fomentar la autonomía en los niños es uno de los regalos más valiosos que podemos ofrecerles como padres. La autonomía les da a los niños la capacidad de confiar en sus habilidades, tomar decisiones y resolver problemas por sí mismos. Aunque como padres a veces tenemos la tendencia de querer hacer todo por nuestros hijos para que no enfrenten dificultades, es fundamental permitirles explorar el mundo y aprender a hacer las cosas por su cuenta. La autonomía no solo les ayuda a desarrollar confianza, sino que también fortalece su sentido de responsabilidad y les enseña a lidiar con las consecuencias de sus decisiones.

Desde muy temprana edad, los niños empiezan a mostrar signos de querer hacer las cosas por sí mismos. Este es un proceso natural y saludable en su desarrollo, pero puede ser difícil para los padres ver a sus hijos luchar con tareas que podríamos hacer por ellos en un abrir y cerrar de ojos. Sin embargo, es importante resistir la tentación de intervenir demasiado rápido. Permitir que los niños experimenten y aprendan a través del ensayo y error es una parte crucial del proceso de aprendizaje. Por ejemplo, cuando un niño está intentando vestirse solo y se le hace un nudo en los zapatos, puede ser más fácil y rápido para nosotros resolverlo. Pero si en lugar de eso le damos tiempo y orientación para que lo haga por sí mismo, le estamos dando la oportunidad de desarrollar habilidades motoras y de resolución de problemas, además de un gran sentido de logro cuando finalmente lo logra.

Fomentar la autonomía no significa que los niños deban hacerlo todo solos o sin supervisión. Más bien, se trata de brindarles oportunidades adecuadas para su edad y nivel de desarrollo, y de estar allí para apoyarlos cuando lo necesiten. Al principio, esto puede implicar simplemente permitirles elegir su propia ropa o decidir qué juego jugar. A medida que crecen, pueden asumir responsabilidades más grandes, como ayudar en las tareas del hogar o gestionar su tiempo de manera más independiente. Lo importante es que los padres brinden el apoyo necesario, pero también el espacio para que los niños tomen la iniciativa y desarrollen su propia confianza.

Una de las claves para fomentar la autonomía es ofrecerles opciones. Cuando los niños tienen la oportunidad de elegir entre varias opciones, sienten que tienen cierto control sobre su entorno y su vida. Esto puede ser algo tan sencillo como permitir que elijan entre dos o tres opciones de ropa para ponerse en la mañana, o preguntarles qué actividad prefieren hacer en su tiempo libre. Cuando los niños tienen la capacidad de tomar decisiones, comienzan a desarrollar un sentido de responsabilidad y aprenden a pensar por sí mismos. Además, darles opciones dentro de límites razonables les enseña a tomar decisiones informadas, a considerar las consecuencias y a desarrollar su juicio.

Otro aspecto importante en el fomento de la autonomía es el establecimiento de expectativas claras. Los niños necesitan saber qué se espera de ellos, pero también necesitan la libertad para cumplir con esas expectativas a su manera. Por ejemplo, si les pedimos que limpien su habitación, en lugar de decirles exactamente cómo deben hacerlo paso a paso, podemos darles las pautas generales y permitirles encontrar su propio método. Tal vez no lo hagan de la manera en que lo haríamos nosotros, pero el objetivo es que aprendan a organizarse y a tomar decisiones sobre cómo completar la tarea. A medida que practican, mejorarán en la ejecución de estas responsabilidades.

Es importante también enseñarles a los niños a asumir las consecuencias de sus acciones, tanto positivas como negativas. Cuando permitimos que tomen decisiones, también les enseñamos que esas decisiones tienen resultados. Por ejemplo, si deciden no recoger sus juguetes después de jugar, una consecuencia lógica podría ser no encontrar su juguete favorito la próxima vez que lo busquen. Esto no se trata de castigar, sino de ayudarles a entender que sus acciones tienen un impacto en su entorno. A medida que experimentan las consecuencias de sus decisiones, los niños aprenden a tomar decisiones más informadas y a ser más responsables.

Otro punto crucial en la promoción de la autonomía es evitar el perfeccionismo. Como padres, a veces queremos que nuestros hijos hagan todo de manera "correcta" o "perfecta", pero es importante recordar que están aprendiendo. El perfeccionismo puede inhibir la autonomía, ya que los niños pueden sentir que no pueden hacer nada lo suficientemente bien y, por lo tanto, prefieren no intentarlo en absoluto. En lugar de enfocarnos en si el trabajo que hicieron está perfecto, debemos celebrar el esfuerzo y el progreso. Si un niño intenta hacer su cama por primera vez y no queda perfecta, en lugar de corregirlo o hacerlo nosotros mismos, podemos elogiarlo por haberlo intentado y guiarlo suavemente para que lo haga mejor la próxima vez. De esta manera, fomentamos una mentalidad de crecimiento, en la que el esfuerzo y el aprendizaje son más importantes que el resultado final.

La paciencia es una herramienta clave cuando se trata de fomentar la autonomía. A veces, dejar que un niño haga algo por sí mismo puede tomar más tiempo y requerir más esfuerzo que si lo hiciéramos nosotros mismos. Sin embargo, es importante recordar que este tiempo y esfuerzo extra son una inversión en su desarrollo a largo plazo. Con el tiempo, los niños que han tenido la oportunidad de hacer las cosas por sí mismos desarrollan habilidades de resolución de problemas, autoeficacia y confianza en sus propias capacidades, lo que los prepara mejor para enfrentar los desafíos de la vida.

El apoyo emocional también juega un papel importante en la autonomía. Los niños necesitan saber que, aunque se les anime a hacer cosas por su cuenta, siempre tienen el apoyo y la guía de sus padres si las cosas se ponen difíciles. Este apoyo no significa resolverles todos sus problemas, sino estar allí para brindar orientación cuando lo necesiten. Si un niño está intentando construir algo con bloques y se frustra, en lugar de tomar los bloques y hacerlo por él, podemos preguntarle qué cree que podría hacer de manera diferente para que funcione, o darle una pequeña sugerencia que lo guíe hacia la solución. De esta manera, el niño sabe que no está solo, pero que sigue siendo capaz de resolver el problema por su cuenta.

Es importante también reconocer y valorar los logros de los niños, por pequeños que sean. Cuando un niño logra hacer algo por sí mismo, como vestirse, preparar un sándwich o completar una tarea escolar sin ayuda, es crucial reconocer ese logro. Esto refuerza la idea de que son capaces y competentes, y los motiva a seguir intentándolo en el futuro. Un simple "¡Lo hiciste muy bien!" o "Estoy orgulloso de cómo lo lograste por tu cuenta" puede tener un gran impacto en su confianza y motivación para seguir siendo autónomos.

La autonomía también les ayuda a desarrollar una autoestima saludable. Cuando los niños se sienten capaces de hacer las cosas por sí mismos, su autoestima crece. Saben que son capaces de enfrentar desafíos y resolver problemas, lo que les da una sensación de control sobre sus propias vidas. Además, los niños autónomos son más propensos a tomar la iniciativa en diferentes situaciones, lo que los prepara para ser adultos independientes y seguros de sí mismos.

En resumen, fomentar la autonomía en los niños es un proceso que requiere tiempo, paciencia y apoyo constante. Al permitirles tomar decisiones, asumir responsabilidades y experimentar las consecuencias de sus acciones, les estamos dando las herramientas necesarias para crecer como individuos seguros, responsables y capaces. Como padres, nuestro papel es guiarles, brindarles un entorno seguro donde puedan experimentar y aprender, y celebrar sus logros a medida que desarrollan su independencia. La autonomía no solo les prepara para enfrentar los desafíos de la vida, sino que también les da la confianza para creer en sus propias habilidades y capacidades, lo que es fundamental para su desarrollo personal y emocional a largo plazo.

Potenciando el Rendimiento Escolar

Potenciar el rendimiento escolar de los niños es un objetivo que muchos padres se proponen, pero a menudo no saben por dónde empezar. Cuando hablamos de rendimiento escolar, no solo nos referimos a las notas que un niño obtiene en sus exámenes, sino a su capacidad para aprender, entender y disfrutar el proceso educativo. El éxito en la escuela no depende únicamente de las horas que un niño pasa frente a los libros, sino también del ambiente en casa, el apoyo emocional y las técnicas de estudio adecuadas. La clave está en encontrar un equilibrio entre el aprendizaje y el bienestar emocional, porque un niño motivado, que se siente seguro y valorado, siempre rendirá mejor.

Lo primero que debemos considerar es la creación de un entorno adecuado para el estudio. El lugar donde los niños hacen sus tareas y estudian tiene un impacto directo en su capacidad para concentrarse y aprender. Un espacio tranquilo, bien iluminado, libre de distracciones y con todo lo necesario al alcance es ideal. No se trata de tener una oficina perfecta, pero sí de un lugar donde el niño pueda enfocarse sin interrupciones constantes. Las pantallas, como el televisor o el celular, deben mantenerse alejadas durante el tiempo de estudio, ya que pueden romper la concentración. Además, es útil que el niño tenga una rutina de estudio, es decir, un horario fijo todos los días para dedicar tiempo a sus tareas. Esto crea un hábito, y los hábitos bien formados son una de las bases del éxito académico.

Además del espacio y la rutina, es importante que los padres se involucren en la educación de sus hijos, pero de manera equilibrada. No se trata de hacerles las tareas, sino de estar disponibles para resolver dudas y ofrecer apoyo cuando sea necesario. Muchas veces, los niños se frustran porque sienten que no entienden un tema y no saben a quién acudir. Tener a un padre o tutor que esté dispuesto a explicar un concepto o a ayudar a buscar la respuesta puede marcar una gran diferencia. No es necesario ser un experto en todas las materias, pero lo que sí es vital es mostrar interés por lo que el niño está aprendiendo y hacerle saber que no está solo en el proceso.

La motivación juega un papel crucial en el rendimiento escolar. Los niños que están motivados para aprender, que encuentran sentido en lo que están haciendo, suelen tener mejores resultados académicos. Pero ¿cómo podemos motivar a los niños? No se trata solo de ofrecer recompensas por buenas notas, aunque reconocer los logros siempre es positivo. Más bien, se trata de ayudar al niño a descubrir el valor del aprendizaje en sí mismo. Por ejemplo, si un niño está aprendiendo matemáticas, en lugar de enfocarnos únicamente en obtener buenas calificaciones, podemos mostrarle cómo las matemáticas son útiles en la vida cotidiana, ya sea para contar dinero, cocinar o jugar un videojuego. Al conectar el aprendizaje con experiencias reales y significativas, el niño empieza a ver que lo que está aprendiendo tiene un propósito más allá de la escuela.

Otro aspecto importante es la organización. Un niño que sabe organizar su tiempo y sus materiales tiende a ser más eficiente en sus estudios. Ayudar a los niños a planificar sus tareas, priorizar lo más importante y dividir grandes proyectos en pequeñas metas alcanzables es fundamental para reducir el estrés y mejorar el rendimiento. Al principio, los padres pueden guiar este proceso, pero a medida que el niño crece, es importante que aprenda a hacerlo por sí mismo. El uso de calendarios, listas de tareas o incluso aplicaciones diseñadas para la organización puede ser de gran ayuda. Además, enseñarles a dividir el tiempo de estudio en bloques con pequeños descansos entre ellos (lo que se conoce como la técnica Pomodoro) puede mejorar su concentración y productividad.

La alimentación y el descanso son otros factores que a menudo pasamos por alto cuando pensamos en el rendimiento escolar, pero son fundamentales. Un niño que no duerme lo suficiente o que no tiene una dieta equilibrada difícilmente podrá rendir al máximo en la escuela. El cerebro necesita energía y descanso para funcionar bien, y un niño cansado o mal alimentado tendrá problemas para concentrarse y retener la información. Es importante asegurarse de que los niños duerman las horas necesarias y de que tengan una dieta rica en frutas, verduras, proteínas y carbohidratos saludables. Asimismo, es útil limitar el consumo de azúcar y alimentos procesados, ya que estos pueden afectar negativamente la capacidad de concentración.

La lectura es una herramienta poderosa para mejorar el rendimiento escolar. Los niños que leen con frecuencia tienden a tener mejor comprensión lectora, lo que a su vez facilita el aprendizaje en todas las áreas. La lectura no solo enriquece el vocabulario, sino que también desarrolla la capacidad de análisis y estimula la imaginación. Es importante que los padres fomenten el hábito de la lectura desde una edad temprana. Esto no significa obligar a los niños a leer libros complicados o aburridos, sino ayudarles a encontrar lecturas que les interesen y entusiasmen. Puede ser una serie de aventuras, cómics, cuentos de fantasía o cualquier tema que despierte su curiosidad. Lo importante es que disfruten el proceso y se sientan motivados a seguir leyendo.

En cuanto al manejo del estrés escolar, es crucial enseñar a los niños a lidiar con la presión de manera saludable. A medida que crecen, las expectativas académicas aumentan y, en muchos casos, los niños pueden sentir que no están a la altura. Es importante que los padres enseñen a sus hijos que está bien cometer errores y que el aprendizaje es un proceso que lleva tiempo. Reforzar la idea de que el esfuerzo es más valioso que la perfección les ayudará a reducir la ansiedad y a enfrentar los retos con una actitud más positiva. Técnicas de relajación, como la respiración profunda o el mindfulness, también pueden ser útiles para que los niños aprendan a calmarse y concentrarse en momentos de estrés.

Un aspecto que no debemos olvidar es el desarrollo emocional del niño. La autoestima y la autoconfianza juegan un papel importante en su rendimiento escolar. Los niños que creen en sus habilidades tienden a esforzarse más y a perseverar incluso cuando enfrentan dificultades. Como padres, es importante brindar elogios genuinos y específicos que refuercen el esfuerzo y el progreso, en lugar de solo el resultado. Por ejemplo, en lugar de decir "Eres muy inteligente", es mejor decir "Me encanta cómo te esforzaste para resolver ese problema". Esto ayuda al niño a entender que el esfuerzo es lo que realmente cuenta y que es capaz de superar los desafíos.

Finalmente, es crucial que los padres mantengan una comunicación abierta y sincera con los maestros. Estar al tanto del progreso académico del niño, conocer sus fortalezas y áreas de oportunidad, y trabajar en conjunto con la escuela puede hacer una gran diferencia. Los maestros son una fuente valiosa de información y orientación, y mantener una relación colaborativa con ellos permite identificar cualquier problema a tiempo y buscar soluciones adecuadas.

En conclusión, potenciar el rendimiento escolar de los niños no se trata solo de ayudarlos a obtener buenas calificaciones, sino de crear un ambiente que fomente el amor por el aprendizaje, la organización, el manejo del tiempo y el bienestar emocional. Con un enfoque equilibrado, los padres pueden ayudar a sus hijos a desarrollar las habilidades necesarias para tener éxito en la escuela y, lo que es más importante, a disfrutar del proceso de aprender.

El Papel del Padre como Modelo a Seguir

El papel del padre como modelo a seguir es uno de los aspectos más importantes en la crianza de los hijos. Desde el momento en que nacen, los niños empiezan a observar, imitar y aprender de las personas que los rodean, especialmente de sus padres. Aunque a veces no lo parezca, los niños prestan mucha atención a lo que hacemos, mucho más que a lo que decimos. Por eso, como padres, debemos ser conscientes de que nuestras acciones, palabras y actitudes influyen directamente en el desarrollo de nuestros hijos, en cómo perciben el mundo y en cómo se ven a sí mismos.

Cuando hablamos de ser un modelo a seguir, no estamos diciendo que los padres deban ser perfectos o que nunca deban cometer errores. Todos somos humanos y tenemos momentos en los que no actuamos de la mejor manera. Sin embargo, lo que es importante es que los niños vean que sus padres se esfuerzan por ser coherentes con los valores que predican. Por ejemplo, si le decimos a un niño que es importante ser honesto, pero luego nos ven mentir en una situación cotidiana, el mensaje que recibe es contradictorio. En cambio, si ven que somos sinceros incluso en momentos difíciles, aprenderán el valor de la honestidad de manera auténtica.

Uno de los primeros aspectos que los niños observan en sus padres es la forma en que manejamos nuestras emociones. Si somos pacientes, calmados y capaces de manejar el estrés de manera saludable, los niños aprenderán a hacer lo mismo. Por el contrario, si reaccionamos con ira o frustración de manera constante, ellos podrían imitar ese comportamiento cuando enfrenten sus propios problemas. No se trata de ocultar nuestras emociones o fingir que todo está bien, sino de mostrarles que es posible enfrentar las dificultades con calma y autocontrol. Es natural tener malos días, pero cuando los niños ven que somos capaces de recuperarnos y seguir adelante de manera positiva, están aprendiendo una valiosa lección sobre la resiliencia.

Otro aspecto en el que los padres sirven como modelo es en la forma en que tratamos a los demás. Los niños aprenden mucho sobre las relaciones interpersonales observando cómo interactuamos con otras personas, ya sea en casa, con amigos, o en público. Si los padres muestran respeto, empatía y cortesía hacia los demás, los niños también desarrollarán esas cualidades. Por ejemplo, si ven que tratamos a nuestros amigos y familiares con cariño y consideración, o que ayudamos a alguien en necesidad, ellos empezarán a entender la importancia de la bondad y la cooperación. De la misma manera, si presencian conflictos o tensiones, también es importante que vean cómo manejamos esas situaciones, buscando soluciones pacíficas y constructivas.

En cuanto a los hábitos y rutinas, los padres también juegan un papel crucial. Los niños tienden a imitar las costumbres de sus padres, ya sea en relación con la alimentación, el ejercicio, la organización o incluso el uso de la tecnología. Si un padre tiene hábitos saludables, como hacer ejercicio regularmente, comer bien o leer con frecuencia, es probable que los niños sigan ese ejemplo. Pero si el niño ve que sus padres pasan largas horas frente a la televisión o el celular sin interactuar, es probable que ese comportamiento se replique. Del mismo modo, si un padre valora el tiempo en familia y dedica momentos específicos para estar con sus hijos, ellos aprenderán a valorar esas interacciones y entenderán la importancia del vínculo familiar.

El rol del padre como modelo también incluye enseñar el valor del esfuerzo y la perseverancia. Los niños necesitan ver que el éxito no siempre es inmediato y que alcanzar metas requiere dedicación y trabajo. Esto se aprende mejor cuando los padres comparten con ellos sus propios desafíos y logros, y les muestran cómo la constancia y la paciencia son esenciales. Cuando los niños ven a sus padres esforzarse por mejorar en algo, ya sea en el trabajo, en un proyecto personal o en cualquier otra área de la vida, entienden que el fracaso no es el final, sino una oportunidad para aprender y crecer. Este es un mensaje poderoso que los ayudará a enfrentar sus propios desafíos con una actitud más positiva y determinada.

En muchos casos, los padres también son el primer modelo de autoridad que los niños conocen. Es a través de esta relación que los pequeños comienzan a comprender la importancia de las normas, los límites y el respeto hacia las figuras de autoridad. Sin embargo, la forma en que ejercemos nuestra autoridad también influye en cómo nuestros hijos entenderán y responderán a las reglas en el futuro. Si como padres somos autoritarios, estrictos y controladores, es posible que los niños se rebelen o se sientan inseguros. En cambio, si mostramos una autoridad basada en el respeto mutuo, en la comunicación y en la comprensión, nuestros hijos aprenderán a respetar las normas sin sentirse oprimidos, y verán que la autoridad no es algo que se impone, sino algo que se gana.

La responsabilidad es otro valor fundamental que los padres transmiten a sus hijos a través del ejemplo. Los niños deben ver que sus padres son responsables, no solo en su trabajo, sino también en su vida diaria, en la forma en que cumplen con sus compromisos y en cómo se hacen cargo de las situaciones difíciles. Cuando un niño ve que sus padres asumen la responsabilidad de sus acciones, incluso cuando se equivocan, aprende una lección valiosa sobre la importancia de ser responsable en su propia vida. Esto también incluye ser responsables de nuestras palabras y promesas. Cumplir lo que decimos es esencial para construir confianza con nuestros hijos. Si prometemos algo, es importante cumplirlo, y si por alguna razón no podemos hacerlo, debemos explicárselo de manera honesta.

Además, los padres son modelos de integridad para sus hijos. La integridad es la capacidad de actuar de acuerdo con nuestros principios, incluso cuando nadie está mirando. Los niños necesitan ver que sus padres son coherentes con lo que dicen y hacen, y que actúan de acuerdo con sus valores en todo momento. Esto significa que debemos ser honestos, tanto con nosotros mismos como con los demás, y mantener nuestros principios incluso en situaciones difíciles. Los niños que crecen en un ambiente donde se valora la integridad tienden a desarrollar un fuerte sentido de lo que es correcto e incorrecto, lo que les ayudará a tomar decisiones éticas en su vida.

El papel del padre como modelo a seguir no termina en la infancia; es un proceso continuo. A medida que los hijos crecen, siguen observando y aprendiendo de sus padres, aunque no siempre lo expresen. La adolescencia, por ejemplo, puede ser un período en el que los niños parecen distanciarse o desafiar la autoridad paterna, pero en realidad siguen prestando atención a lo que hacen sus padres. En estas etapas, es especialmente importante que los padres sigan siendo un ejemplo de comportamiento maduro, reflexivo y comprensivo. Si bien los adolescentes pueden parecer más independientes, aún necesitan guías y modelos que les ayuden a navegar los retos de esta etapa de la vida.

En resumen, el rol del padre como modelo a seguir es uno de los factores más influyentes en la vida de un niño. No se trata de ser perfectos, sino de ser conscientes de que nuestras acciones hablan más fuerte que nuestras palabras. A través de nuestras actitudes, hábitos y comportamientos, estamos enseñando a nuestros hijos cómo enfrentar la vida, cómo relacionarse con los demás y cómo manejar los retos que se les presenten. Al ser un buen modelo a seguir, estamos no solo guiando a nuestros hijos, sino también contribuyendo a su desarrollo como individuos responsables, empáticos y seguros de sí mismos.